서태호의 영화로 보는 삶 ❷

혹한의 시대가 온다

서태호 지음

박영사

프롤로그

혹한의 시대가 온다

절망의 시대, 영화 속에서 희망을 찾는다!

◇ 지구 온난화로 인한 빙하기를 경고하는 과학자의 말을 무시하다가 엄
   청난 재앙을 맞이하게 되는 영화 <투모로우>에서 마지막에 살아남
   은 사람들은 "우리는 깨달았습니다, 자연의 분노 앞에 무력함을. 인류
   는 착각해 왔습니다, 지구의 자원을 마음껏 써도 될 권리가 있다고.
   하지만 그건 오만이었습니다"라며 후회하는 장면에서 2년째 코로나바
   이러스에 우왕좌왕 속수무책인 우리 자신의 모습을 마주하게 된다.
◇ 하지만 영화 <자이언트>에서 흙수저의 주인공 제임스 딘이 황무
   지의 땅을 개척하여 다시 새로운 삶의 길을 찾아 거인이 되듯이 우
   리도 희망의 길로 다시 나아가야 한다.
◇ 영화 <조 블랙의 사랑>처럼 인간은 언젠가 죽음을 맞게 되지만

설레는 사랑과 선의를 통한 삶으로 현재를 더욱 가치 있고 행복하게 살아가는 길을 찾고 복잡하고 우울한 현실에서 가보지 않은 길을 밝혀줄 수 있는 빛은, 인류 상상력의 보물창고인 영화이다.

◇ 한경닷컴에 연재했던 칼럼 <서태호의 영화로 보는 삶 2>의 '위기와 극복, 위험한 미래, 죽음의 의미, 새로운 도전'의 4개 카테고리 50개의 영화를 입체적으로 해석하여 책으로 발간하게 되었다.

◇ 영화 <에이 아이>처럼 성큼 다가온 인공지능과 공존하고 바이러스를 극복할 수 있는 '사랑, 용기, 소통, 리더십, 행복, 성공, 자유'가 가득 담긴 모험이 가득한 이야기를 통해 진짜 세상을 찾을 수 있는 희망의 길을 발견할 수 있을 것이다.

◇ ≪서태호의 영화로 보는 삶2≫에서 삶의 역경을 극복하기 위해 <사관과 신사>를, 위험한 미래를 예측하고 인공지능과의 공존을 위해 <아이 로봇>, 죽음의 의미를 통해 현재를 가치 있게 살기 위해 <누구를 위하여 종은 울리나>, 엄혹한 혹한의 시대에서 살아남기 위해 <로스트 인 스페이스>에서 영감을 얻을 수 있을 것이다.

◇ 영화 <블레이드 러너>는 핵전쟁 이후 가진 자들은 우주의 새로운 식민지로 떠나고 황폐해진 LA의 도심에는 복제인간과 그들을 추적하며 삶과 죽음의 경계선을 달리는 특수경찰 블레이드 러너의 모습이 마치 우리가 처해 있는 현실과 다가올 미래를 보여주는 것과 같다. 복제인간 수명이 4년인 것처럼 인간이 100세를 산다면 4년 주기로 삶의 패키지를 25번이나 사용할 수 있기에 4년마다 진짜 추억이 담긴 삶의 방식으로 자신을 진화시켜 나가보면 어떨까 생각해 본다. 독자들이 혹한의 시대, 이 책을 통해 많은 용기와 희망을 얻길 기대한다.

◇ 영화이야기를 쓰는 데 혜안을 충전해 준 '아이링'에게 감사의 마음을 전한다.

4

차 례

4부 새로운 도전

제1부

위기와 극복

01

완벽한 악마와
행복한 이기주의자!

악마는 프라다를 입는다The devil wears Prada, 2006

프롤로그

—

현대인들에게 가장 큰 이슈가 되고
있는 것은 바로 '일과 생활의 균형Work
& Life balance'일 것이다. 과거처럼 성공
만을 향해 밤낮으로 돌진하던 그런 방
식에서 벗어나 자신만의 가치관과 행
복을 위해 스스로 길을 결정하고 달려
가는 '행복한 이기주의'가 되어야 한다.

하지만 어떤 분야에서든 행복을 성
취하는 사람은 용광로처럼 뜨거운 열
정과 집념으로 자신의 길을 결정하고
후회 없이 인생의 주인공으로 살아가며, 악착같이 완벽을 추구하는 악
마 같은 사람들이다. 영화 <악마는 프라다를 입는다The devil wears

11

Prada, 2006>에서 워라밸과 성공의 복잡한 방정식을 풀어본다.

● 영화 줄거리 요약

명문대를 졸업한 소도시 출신의 앤드리아 삭스(앤 해서웨이 분)는 최고의 저널리스트가 되고 싶은 꿈을 안고 뉴욕으로 상경하지만, 그녀의 이력서를 보고 연락이 온 곳은 오직 한 군데, 세계 최고의 패션지 "런웨이"뿐이다. 그것도 기자가 아닌 편집장 미란다(메릴 스트립 분)의 비서 자리이다. 미란다 프리슬리는 세계 패션쇼의 스케줄을 마음대로 바꿀 수 있을 만큼의 거물이지만 까다로운 완벽주의자로 악명이 자자하다. 이래저래 여러 갈굼을 당하면서 어떻게든 직장생활의 경력을 쌓아 기자로 발돋움하고자 했던 앤드리아는 평소 자신의 철학과는 달리, 차츰 패션업계에 맞는 날씬한 외모, 화려한 명품 의상 감각까지 대변신을 통해 까다로운 편집장 미란다의 신뢰를 얻어 가게 되고, 그 결과 고참 비서가 참석하기로 한 파리의 패션쇼에 전격적으로 발탁되어 미란다를 수행하게 된다. 그 과정에서 편집장 미란다의 이혼 등 사생활 정보와 개인적인 부분까지 인지하게 되면서 더욱 상사와의 관계가 깊어지게 된다. 또한 우연히 회사에서 미란다를 미국 편집장 자리에서 해임

12

하려고 한다는 정보까지 미리 알게 되고 이를 미란다에게 보고하게 되는데, 미란다는 그런 앤드리아의 세심하고 철저한 행동이 "자신과 많이 닮았다"는 최고의 찬사까지 하면서 더욱  신뢰하게 된다. 하지만 앤드리아가 자신의 일에 전념하게 되면서 동시에 자신의 남자친구와 가족들과는 소원해지게 되고 일과 생활의 균형이 급격히 깨어지게 된다. 파리의 패션쇼 총회에서 편집장인 미란다가 자신의 해임에 대한 상황을 고도의 정치적 술수 방식으로 피해 나간다. 이를 알게 된 앤드리아가 미란다를 강하게 비난하자 앤드리아의 반응에 역으로 미란다는 "너도 파리에 오기 위해 선임 비서인 에밀리를 같은 방식으로 밀치고 오지 않았냐"고 반격한다. 이에 앤드리아는 이런 비정한 조직에서의 생활이 자신이 꿈꾸던 인생이 아님을 깨닫고, 더 이상 깊게 물들기 전에 미란다가 준 전용 휴대폰을 과감히 분수대 물속에 던져버린다. 그리고는 자신이 꿈꾸던 저널리스트의 길로 가기 위해 "뉴욕 미러"라는 신문사로 면접을 보러 가게 된다. 그동안 현실적 성공만을 위해 상처를 준 자신을 사랑하는 사람들과 진정한 화해를 하고 남자친구와도 재회하게 된다.

13

● 관전 포인트

A. 밝히기 싫은 미란다의 사생활을 우연히 듣게 된 과오로 독특한 해고 통보(불가능한 지령)를 받게 되는데, 이 위기를 슬기롭게 극복한 방법은?

미란다가 자신의 쌍둥이 딸에게 보여줄 아직 출판되지 않은 "해리 포터의 7편(해리포터와 죽음의 성물)"을 가져오라고 지시한 것에 대해, 끝까지 포기하지 않고 파티에서 우연히 만난 유명한 소설가 크리스찬 톰슨(사이먼 베이커 분)의 네트워크를 통해서 그 소설을 구해다 줌으로써 미란다 편집장의 신뢰를 회복하게 된다.

B. 사퇴 압박을 받고 있던 미란다 편집장이 위기를 극복하고 그 자리를 유지할 수 있었던 전략은?

그룹에서 오랜 숙적이었던 프랑스 편집장 재클린이 자신의 자리로 발령날 것이라는 정보를 캐치하고, 미란다는 그룹 회장을 자신의 호텔방으로 불러서, 만약 자신을 해임하면 자신의 훌륭한 팀원들까지 전부 런웨이 잡지사를 함께 떠나 잡지를 사실상 폐간하도록 만들 수 있다는 파워게임 방식으로 최후통첩을 날리자, 그룹 회장은 프랑스 편집장 재클린을 다른 계열사로 발령을 내고, 미란다는 미국 편집장 자리를 유지할 수 있게 된다.

C. 미란다의 인생 철학이 자신의 것과 너무나도 다르다는 것을 깨닫고, 미란다를 과감히 떠난 후 응시한 "뉴욕 미러"라는 신문사에 합격할 수 있었던 결정적 요인은?

"뉴욕 미러" 신문사의 면접관은 1년 만에 "런웨이" 잡지사를 그만둔 앤드리아에 대해 평판 조회를 하게 되는데, 유명한 미란다 편집장이 직접 친필 팩스로 "내게 가장 실망을 안겨준 비서다. 하지만 그녀를 채용하지 않으면 멍청이다"라는 강한 반어법으로 강력한 추천서를 보내준 것이 합격의 포인트였다.

영화 마지막 장면에서 앤드리아가 멀리서 우연히 마주친 미란다에게 감사의 눈인사를 건네자, 미란다는 평소와 다름없이 시니컬한 모습으로 차에 탑승하지만, 이후 차에 탄 미란다는 영화 내용 중 처음으로 진심이 가득 담긴 환한 웃음을 지으며, 앤드리아가 자신만의 진정한 꿈과 행복을 향해 다른 길로 가기로 결심한 용기에 대견함과 응원의 미소를 보내게 된다.

에필로그
—

인생의 여정에 있어 어떤 길이 더 훌륭하고 절대적이라는 것은 없다. 그러기에 세상 사람들이 미란다를 험담할 때 앤드리아는 자신을 몰아붙이는 혹독한 상사였지만 "아마 미란다가 남자였다면 사람들은 일을 완벽하게 하는 사람이라고 평가했을 것"이라며 미란다의 악마 같은 열정을 두둔하기도 한다. 어떤 분야든지 그 분야에서 최선을 다해 일하는 사람들은 자신만의 신념에 따라 무엇이 더욱 중요한가라는 판단 기준에 따라 세상을 살아가면서 성취감과 행복한 삶을 살아가고 있다. 이 영화를 보면서 웨인 다이어 박사의 책 "행복한 이기주의자"가 연상된다.

"행복에 있어 가장 중요한 것은 타인의 시선이 아닌 본인 자신의 기준에 따라 매기는 가치다. 타인에게 칭찬과 인정을 받는다는 것은 기쁜 일이다. 하지만 거기에 매달리는 순간 나의 행복을 타인에게 맡기게 된다." '행복한 이기주의자'는 에고이스트와 전혀 다르다. 에고이스트는 자신의 이익을 위해 타인을 희생시키는 반면에 행복한 이기주의자는 자신을 배려할 줄 알기에 타인도 배려할 줄 알고 자신을 사랑하기에 타인을 사랑하는 법도 아는 사람이다. 그러기에 미란다는 자기 일을 완벽하게 추진하는 악마이면서 앤드리아를 배려할 줄 아는 행복한 이기주의라고도 할 수 있다. 당신은 악마인가 행복한 이기주의인가?

16

02

피로 물든 다이아몬드!

블러드 다이아몬드Blood diamond, 2006

프롤로그

제2차 세계대전 이후 인류는 냉전 시대를 끝내고 발전시킨 교통수단과 초고속 인터넷 통신으로 지구촌은 더욱 가까워져 보인다. 하지만 자국의 이익만을 추구하는 강대국 간의 군비 강화와 무역전쟁, 소통 없는 무력 중심의 중동전, 홍콩 등 식민지였던 지역들의 주권분쟁으로 지구촌은 그야말로 최후 심판의 장으로 치닫고 있다.

또한 호주의 산불은 대한민국의 면적보다 많은 면적을 태우며 활화산처럼 타올랐고, 전 세계를 죽음의 공포로 뒤덮고 있는 코로나19는 인간이 수천 년 동안 이루었던 많은 소중한 것들을 송두리째 위협하고 있다.

이런 시그널이 지구의 멸망을 막기 위한 신의 마지막 경고 같아 보이기도 한다. 영화 <블러드 다이아몬드Blood diamond, 2006>에서도 돈이 되는 다이아몬드를 차지하기 위해 전쟁, 살인, 인간성 말살을 일삼는 인간들의 타락한 모습들을 발견하게 된다. 세상의 리더들이 언젠가는 이기심에서 벗어나 지구촌을 살리기 위한 근본적인 노력과 협력을 통해 인류의 평화와 영속성의 불씨를 살려나가길 간절히 기원해 본다.

[블러드 다이아몬드: 아프리카의 전쟁 중인 지역에서 생산된 다이아몬드로 거래 수입금이 전쟁 수행을 위한 비용으로 악용되는 것을 지칭한다. 영화의 배경인 서아프리카의 시에라리온은 세계 생산량 25%의 막대한 다이아몬드 산지이다. 그러나 지구상에서 가장 고결한 보석이라는 다이아몬드는 이 나라에 신의 축복이 아니라 저주이다. 거대한 이윤을 창출하는 다이아몬드 광산을 두고 내전이 발생했기 때문이다. 여기에 다이아몬드 거래의 지하로라 할 수 있는 주변국 라이베리아의 이해관계까지 얽혀 내전은 시에라리온 정부가 스스로 해결할 수 없는 단계에 이른다. 시에라리온 사람들이 휴일도 없이 하루 두 컵의 쌀과

50센트의 돈을 받으며 캐낸 다이아몬드 원석은 밀반출된 후 이웃인 라이베리아산으로 둔갑하여 벨기에나 런던으로 건너간다. 여기서 다시 인도에 있는 세공 공장으로 보내져 정교하게 다듬어진 다이아몬드는 고가에 전 세계로 팔려나간다. '합법적인 다이아몬드'가 된 물량은 대형 기업의 금고 속에서 공급량이 조절되고 희소성을 갖게 된다.]

18

● 영화 줄거리 요약

1991년 서부 아프리카의 시에라리온에서 다이아몬드 지역의 지배를 두고 정부군과 반군 간 내전이 벌어져 수천 명이 죽고 수만 명의 난민이 발생한다. 어촌마을의 어부로 가족과 함께 평  범한 삶을 살아가는 솔로몬(디몬 하운수 분)은 어린 아들 디아가 의사로 성장하길 꿈꾼다. 그러던 어느 날 마을에 들이닥친 반군(혁명 연합전선)은 총을 난사하며 마을을 쑥대밭으로 만들고, 정부에 투표하지 못하게 한다며 산 사람들을 잡아다 팔을 자르는 만행을 서슴지 않는다. 건장한 체구 덕에 팔을 잘리는 대신 다이아몬드 광산에 끌려가 노예 생활을 하게 된 솔로몬은 우연히 유례없이 크고 희귀한 100캐럿이 넘는 '핑크 다이아몬드'를 발견한다. 그는 반군에게 소년병으로 끌려간 자기 아들을 구할 목적으로 다이아몬드를 숨기게 된다.

그러나 반군 대장에게 적발되고 목숨이 위태로운 순간에 정부군의 습격으로 간신히 목숨을 건졌으나, 수용소에서 다시 반군 대장의 협박을 받게 된다. 감옥에서 무기 구매를 위해 밀수거래를 일삼던 용병 대니 아처(레오나르도 디카프리오 분)를 만나게 되고, 아처는 솔로몬에게 다이아몬드를 찾아주면 힘을 써 솔로몬의 가족을 찾아주겠다고 거래를 제안한다. 또한 아처는 다이아몬드의 밀거래 과정을 취재하던 미국 기자 매디(제니퍼 코넬리 분)를 만나게 된다. 이에 아처는 매디의 도움으로 솔로몬과 함께 반란 세력의 영토를 통과하여 숨겨놓은 다이아몬드와 소년병으로 납치된 솔로몬의 아들을 찾아 나선다.

관전 포인트

A. 블러드 다이아몬드를 중심으로 만난 세 사람의 각각의 목표는?

◇ 솔로몬: 자신이 찾아낸 다이아몬드를 이용하여 소년병으로 끌려
간 아들을 구해 내고 싶어 한다(시에라리온에는 아직도 세뇌당한 20만 명
의 반군 소년 병사가 있다).

◇ 아처: 짐바브웨 출신 백인으로 다이아몬드 중간 밀거래를 일삼
던 용병이다. 그는 다이아몬드가 부패한 세력에 조종되며 폭력
과 난동이 난무하는 아프리카에서 벗어날 기회를 줄 것을 알고
솔로몬에게 접근한다.

◇ 매디 보웬: 시에라리온에서 폭리를 취하는 다이아몬드 산업의
부패를 폭로하면서 분쟁 다이아몬드 이면에 숨겨진 무서운 진실
을 밝히려고 하는 미국 열혈 기자이다.

B. 막대한 다이아몬드를 채굴함에도 국민의 삶이 비참한 이유는?

다이아몬드의 생산과 밀반출을 통해 광산을 소유한 정부와 반군
세력은 막대한 돈을 벌어들이지만 정작 시에라리온 국민에게 돌아오
는 것은 죽음밖에 없다. 다이아몬드를 팔아 번 돈은 다시 무기를 구하
는 데 사용되며 내전이 격화되면서 무차별 살상이 자행되었기 때문이
다. 이것이 세계 최상품의 다이아몬드는 물론 석유와 금 등 천연광물
이 풍부한 나라 시에라리온이 '아프리카의 사우디아라비아'가 될 수 없
는 까닭이다. 다이아몬드를 둘러싼 시에라리온 내전은 4백만 명의 난
민과 7만 5천 명의 무고한 죽음 그리고 팔다리가 잘린 2만 명의 불구자
를 남기고 2002년 UN 등의 개입으로 종료되었다. 국제사회는 2003년
이 지역에서 밀거래된 다이아몬드를 수입하지 않는다는 '킴벌리 프로
세스(남아프리카 공화국의 킴벌리)'에 조인했으나 여전히 불법적인 다이아몬
드 시장은 유지되고 있다.

C. 영화의 의미심장한 결말은?

처음에는 서로의 목적이 달라 크게 갈등하던 대니와 솔로몬은 탈출 과정에서 솔로몬의 가족애에 크게 공감하게 된다. 대니는 솔로몬의 가족들이 무사히 영국으로 돌아갈 수 있게 다이아몬드를 건네주며 영국에 있는 기자 매디에게 연락하여 솔로몬 가족들의 안전과 영국에서 자리 잡을 수 있도록 서포트를 부탁하는 한편 자신은 죽음을 맞는다. 구출된 솔로몬은 청문회에서 자신의 생생한 경험담을 증언하고 매디는 블러드 다이아몬드에 대한 만행의 기사를 전 세계에 고발하게 되면서 40개국이 분쟁 다이아몬드의 유통을 막는 킴벌리 프로세스에 서명하게 된다.

D. 반군이 어린 소년병을 훈련해 전쟁에 내보내는 이유는?

아직 자아가 형성되지 않은 소년들을 영웅으로 치켜세우며, 적을 죽이는 것이 최고의 선이라는 세뇌 교육brain wash을 끊임없이 반복한다. 그래서 소년병들은 시키는 대로 무참하게 적에게 기관총을 난사한다. 이 장면은 영화 <킬링 필드The Killing Field, 1984>에서도 엿볼 수 있다. 공산 크메르루주 반군이 어린 소년들에게 붉은 머플러를 훈장인 양 씌워주고 인간병기처럼 세뇌해 사람을 살육하게 한다.

에필로그

—

　밍크코트를 만들기 위해 수많은 밍크가 죽임을 당하자 동물보호단체들이 모피를 입지 말자고 외친 이후, 최근 패션계에서 인조모피fake fur가 부상한 것은 바람직한 현상이다. 영화에서 피로 물든 다이아몬드의 내막을 알고는 결혼 프러포즈 시, 다이아몬드가 아닌 더 아름답고 소박하며 개성 있는 정표를 활용하는 것도 좋을 것이라는 생각이 든다. 인간의 탐욕(자국 이기주의에 의한 전쟁, 종교나 이념 차이에서 오는 끔찍한 테러 활동, 자연훼손으로 인한 지구온난화, 천산갑 같은 야생동물의 섭취로 인한 백신 없는 변종 바이러스의 침공 등)으로 서서히 꺼져가는 지구의 심장을 살리기 위해서는 세계 리더들의 특단의 리더십과 협력이 필요한 동시에, 모든 인류는 이러한 문제점을 해결하기 위해 자신의 위치에서 개선할 수 있는 것을 하나씩 실천해 나가는 노력이 절실한 시점이다.

패닉 룸Panic room, 2002

프롤로그

사람들은 인생길에서 큰 상처나 좌절에 직면했을 때, 자신을 치유하고 극복할 힘을 얻기 위해 자신만의 동굴로 들어간다. 고우영의 "일지매"에서도 역적 김자점과 싸우는 의적 활동에서 받은 상처를 치료하기 위해 일지매는 열공 스님이 있는 절의 깊은 광에서 치유의 시간을 보내기도 한다. 인생이 잘 나갈 때는 자신을 돌아볼 시간도 생각도 없다. 하지만 힘든 시간을 겪고 나면 스스로를 돌아보는 성찰의 기회를 갖게 된다. 그로 인해 다시 삶을 살아갈 통찰의 힘을 충전할 공간과 시간이 필요하다. 영화 <패닉 룸 Panic room, 2002>에서도 삶에서 상처받은 주인공이 피한 공간이 다시 비수가 되어 돌아오는 이야기가 나온다. 결국 잠시 숨을 수는 있지만, 다시 현실의 공간으로 돌아올 수밖에 없다는 것을 깨닫게 된다. 이태원의 노래 '솔개'처럼 고고하게 살아갈 수 없는 것이 인간의 삶이지만 가끔은 성찰의 동굴에서 자신의 현주소와 다음 스텝을 생각해 볼 필요가 있다. 무작정 걸어가다가는 천 길 낭떠러지로 떨어질 수도 있으니 말이다.

　[솔개: 우리는 말 안 하고 살 수가 없나 나르는 솔개처럼/소리 없이 날아가는 하늘 속에 마음은 가득 차고/푸른 하늘 높이 구름 속에 살아와 수많은 질문과 대답 속에 지쳐버린 나의 부리여/스치고 지나가던 사람들이 어느덧 내게 다가와 헤아릴 수 없는 얘기 속에 나도 우리가 됐소/바로 그때 나를 비웃고 날아가버린 나의 솔개여/수많은 관계와 관계 속에 잃어버린 나의 얼굴아/애드벌룬 같은 미래를 위해 오늘도 의미 있는 하루/준비하고 계획하는 사람 속에서 나도 움직이려나/머리 들어 하늘을 보면 아련한 솔개의 노래/수많은 농담과 진실 속에 멀어져간 나의 솔개여]

● 영화 줄거리 요약

거대한 의약품 회사
의 사장인 남편이 새로
운 여자와 사랑에 빠지
자 멕(조디 포스터 분)은
이혼 후, 당뇨를 앓고
있는 어린 딸 사라(크리
스틴 스튜어트 분)와 뉴욕

맨해튼의 고급주택으로 도망치듯 이사를 한다. 그 집에는 외부와는 완
벽하게 차단된 공간 '패닉 룸(3센티미터 두께의 철판으로 이루어진 방공호로
CCTV, 환기장치, 비상식량 등을 갖춘 완벽한 피난처)'이 있다. 이사를 마치고 잠
자리에 들려는 순간 3명의 괴한이 집으로 침입해 들어오고 이를 모니
터로 본 멕은 딸과 패닉 룸으로 숨어든다.

괴한 중 주니어(자레드 레토 분)는 이 집 주인인 자신의 할아버지가
패닉 룸에 숨겨둔 막대한 유산을 차지하기 위해 범행을 계획했고, 패
닉 룸의 설계자인 버냄(포레스트 휘테커 분)과 정체불명의 마스크 맨 라울
(드와이트 요아캄 분)을 데리고 왔지만, 집 안에 사람이 있다는 것을 알고
는 멕과 피할 수 없는 전쟁을 치르게 된다. 패닉 룸에 숨은 멕은 가까
스로 전 남편에게 전화해서 도움을 요청하지만, 괴한들은 곧 전화선을
끊어버리고 만다. 하지만 남편은 이상한 낌새를 느끼고 집을 방문했다
가 괴한들에게 폭행당하고 포로로 잡히고 만다.

설상가상으로 멕이 딸의 인슐린을 가지러 간 사이 패닉 룸에 혼자
남겨진 사라가 괴한의 인질이 된다. 사라를 인질로 잡은 설계자 버냄
은 금고를 해체하기 시작한다. 이때 남편의 신고를 받은 2명의 경찰이
방문하는데, 멕은 인질로 잡힌 딸을 살리기 위해 아무 일도 없다고 돌

려보낸다. 드디어 괴한들은 금고 안에서 2천 2백만 달러의 무기명 채권을 탈취하고 도망치려 하지만 멕과의 마지막 혈투가 벌어지게 된다.

● 관전 포인트

A. 멕이 뉴욕 맨해튼의 저택에 입주하게 된 배경은?

남편의 배신으로 멕은 1879년 금융업자인 펄스타인이 지었고 1994년에 보수한 엘리베이터와 패닉 룸까지 갖춘 저택으로 이사한다. 그녀는 남편에게서 느낀 상실감에 새로운 인생을 시작하기 전 충전할 공간이 필요했다.

B. 괴한들이 패닉 룸에서 나오게 하려고 쓴 최후의 수단은?

패닉 룸 설계자였던 엔지니어 버냄은 환기통 속으로 프로판 가스를 흘려넣어 모녀를 협박하려고 시도한다. 하지만 멕은 환기통에 가스 토치로 불을 켜서 밖에 있던 괴한 주니어에게 화상을 입히는 반격을 한다.

주인공 조디 포스터는 14세에 마틴 스콜세지 감독의 영화 ＜택시 드라이버Taxi Driver, 1976＞에 출현하여 주목을 받았고, ＜피고인The accused, 1988＞, ＜양들의 침묵The silence of the lambs, 1991＞에서 두 번의 아카데미 여우주연상을 수상한 명배우이기도 하다.

C. 집을 방문한 경찰이 다시 찾아온 이유는?

전 남편의 신고로 집을 찾아온 2명의 경찰 중 한 명이 집요하게 멕을 탐문하자 멕은 모니터로 자신의 행동을 지켜보고 있는 괴한을 의식하여 아무런 일도 없다고 둘러댄다. 하지만 노련한 경찰은 가는 척하면서 멕에게 "사정상 말로 표현할 수 없다면 눈으로 신호를 보내도 된다"라고 하며 돌아간다. 이 경찰은 인질을 보호하기 위해 잠복하고 있다가 나중에 들이닥치게 된다.

D. 세 명의 괴한의 각기 다른 목표는?

◇ 주니어: 할아버지의 유산을 독차지하기 위해 패닉 룸 설계자와 암살전문가까지 대동하고 집에 침입한다. 하지만 멕이 일정보다 일찍 이사를 들어옴으로써 여러 가지 문제에 직면하게 되자 범죄 현장에서 도망가려고 한다. 결국 암살자인 라울의 총에 맞아 죽게 된다.

◇ 버냄: 패닉 룸의 설계자로 기술이 있던 사람이었지만 아이의 양육비 때문에 주니어의 유혹에 빠져든다. 하지만 그는 최소한의 양심이 있던 사람이라 인질로 잡고 있던 딸이 쇼크가 오자 인슐린 주사를 놓아주기도 한다.

◇ 라울: 살인마 같은 잔인한 인간으로 오직 돈만 챙기기 위해 주니어를 총으로 쏴 죽이고 마지막에는 멕의 가족까지 살해하려고 하지만 도망치던 버냄이 라울을 제거하게 된다.

E. 패닉 룸 설계자 버냄의 변명은?

버냄은 인질인 멕의 딸에게 "자신은 열심히 살았지만, 세상일이란 게 맘대로 안 되는 거니까, 아이의 양육비를 벌기 위해 어쩔 수 없이 범행에 가담할 수밖에 없었다"고 변명을 한다. 하지만 보통 사람들은 극복하기 위해 최선을 다해 노력을 하지, 범죄를 일으키지는 않는다. 결국 그는 세 명의 괴한 중 가장 양심적이었지만 그의 허황한 꿈은 한순간에 날아가 버리게 된다.

F. 이 영화와 비슷한 스릴러 영화는?

◇ 앨프레드 히치콕 감독의 다중인격 정신병자의 엽기적 살인극을 다룬 <싸이코Psycho, 1960>

◇ 오드리 헵번이 시각장애인으로 집에 침입한 살인마들과 소리 없는 전쟁을 벌이는 <어두워질 때까지Wait until dark, 1967>

◇ 과거 부모들의 실수로 되살아난 살인마 프레디가 자녀들을 악몽에서 무참하게 살해해 나가는 호러 <나이트 메어A nightmare on Elm street, 1984>

◇ 크리스마스에 집에 홀로 남게 된 꼬마 맥컬리 컬킨과 흉악한 강도와의 기상천외한 결투를 벌이는 <나 홀로 집에Home alone, 1990>

에필로그

—

주인공 멕은 자신의 힘든 상황을 벗어나기 위해 패닉 룸에 숨지만 결국 그곳에서 해답을 얻지 못하고 현실로 나와 진검승부를 통해 가족을 되살리게 된다. 패닉 룸에서 얻은 교훈으로, 자신의 사랑하는 딸과 경비원이 있는 센트럴 파크가 보이는 아담한 방 두 칸짜리 작은 집으로 이사를 결정하게 된다. 행복은 크고 비싼 아파트의 소유가 아니라 그 공간 속에 살아가는 자신의 올바른 가치관과 편안하고 화목한 가족 관계의 회복일 것이다. 코로나19로 처음 겪는 불안과 거리 둠, 공포의 지옥은 다시 한번 일상의 소중함을 발견하는 기회가 된다. 가끔은 자신만의 성찰의 공간도 필요하지만, 치유와 충전의 시간을 거쳐 씩씩하게 스프링처럼 삶의 현장으로 복귀하여 삶을 살아내야 한다!

04

생명의 주파수를
맞추라!

프리퀀시Frequency, 2000

프롤로그

—

나이가 들면서 돌아가신 부모님이 그리워질 때가 많다. 어려웠던 시절 가족들을 부양하기 위해 많은 희생과 헌신적 노력으로 살다 가신 부모님의 숨겨진 추억과 애환을 듣고 싶다. 하지만 흘러간 시간은 되돌릴 수 없기에 안타깝기만 하다. 그럴 때 사랑하는 사람과의 아름다웠던 기억과 편지를 추억의 상자에서 소환하여 작게나마 행복을 음미하곤 한다. 영화 <프리퀀시Frequency, 2000>에서 현재를 힘겹게 살아가던 주인공은 과거 방식의 통신기기인 햄Ham(아마추어 무선통신)으로 시공간을 뛰어넘어 30년 전의 아버지와 교신에 성공하면서 삶에 대한 용기를 얻어 자신의 미래까지 바꾸어 나간다. 비록 이런 특별한 수단이 없더라도 자신만의 추억의 시간을 소환하여 행복과 감사를 배우고 미래의 삶을 더욱 아름답게 만들어나갈 수 있을 것이다. 오늘 나만의 통신기기로 사랑하는 사람과 주파수를 맞추어 행복한 교신을 시도해 보자.

● 영화 줄거리 요약

1999년, 현재를 살아가고 있는 존 설리반(제임스 카비젤 분)은 무척이나 무기력한 삶을 살아가고 있는 경찰관이다. 동거하던 여인은 떠났고 오랫동안 홀로 외롭게 살고 계신 어머니를 두었다. 게다가 직업인 형사 일도 제대로 되는 일이 없다. 과거 소방관이던 존의 아버지 프랭크(데니스 퀘이드 분)가 5살 때 화재 사고로 사망한 후 존과 어머니에겐 행복이란 단어가 사라져버렸다.

아버지의 기일 전날, 존은 우연히 아버지가 쓰던 무선통신 햄 라디오를 틀게 되는데, 30년 전인 1969년 아버지의 죽음 전날, 살아있는 목소리와 교신하게 된다. 처음에는 도저히 믿기지 않는 상황으로 서로를 의심하지만, 프랭크라는 사람이 자신의 어릴 적 별명이 '꼬마 추장'인 것과 뉴욕 메츠팀의 광팬인 점 등을 알고 있었으며, 교신 중 프랭크가 실수로 담뱃불로 책상을 태우자 존의 책상에도 동시에 흔적이 나타난 것 등 여러 가지 정황으로 서로의 존재를 확인한다.

존은 교신을 통해 아버지에게 한 번도 해 보지 못한 사랑하는 감정을 표현한다. 더불어 브룩스톤 화재 사건을 경고하며 다른 통로로 탈출을 제안하여 아버지의 죽음을 막게 된다. 하지만 그로 인한 나비효과로 많은 부분이 충격적으로 변해 간다. 간호사였던 어머니는 간호사만 잔인하게 살해하는 연쇄살인범에 의해 죽음을 맞게 된다. 이를 막기 위해 미래의 존과 과거의 아버지 프랭크는 범인과의 치열한 싸움을 벌이게 된다.

● **관전 포인트**

A. 과학으로 설명될 수 없는 초자연적인 현상은?

현재를 사는 아들 존이 오로라Northern Lights(북극광)가 나타나던 초자연적인 밤, 우연히 아버지 프랭크가 즐겨 사용했던 무선통신 라디오를 켜면서 30년 전의 아버지와 교신에 성공하게 된다. 어릴 적 소방관이던 아버지가 불의의 사고로 죽자 불행한 성장 과정과 현실을 살아가던 존은 아버지와 뜻하지 않은 교신으로 삶에 큰 용기를 얻어 과거의 문제를 해결하고 행복한 미래를 살아가는 계기가 된다.

B. 존과 프랭크의 합동 수사로 해결하게 되는 범죄는?

과거 미해결 사건으로 남아 있던 일명 나이팅게일 사건(무려 10명의 간호사를 골라 살해하는 연쇄살인 사건)의 범인이 싸이코 경찰관임을 알게 된(아버지의 지갑에 묻은 지문을 훗날 아들이 확인) 존은, 이 사실을 과거의 아버지에게 알려 합동으로 범인을 잡아 어머니의 죽음을 막으려고 노력한다. 하지만 교활한 범인의 음모에 넘어간 프랭크는 오히려 살인 용의자로 몰리게 되고, 친구인 형사와 아내에게서도 의심을 받아 그의 목숨까지 위협을 받게 된다. 자신의 범죄를 알아낸 존과 프랭크를 없애기 위해 과거와 미래에서 동시에 습격한 범인은 과거 시점에서 아버지가 살인범의 손을 쏘자 존의 목을 조르던 살인범의 손이 사라지고, 아버지는 범인을 소총으로 응징하게 된다.

C. 아버지를 사고로부터 살린 이후 달라지는 사건들은?

죽은 아버지가 살아난 이후, 어머니가 사는 집 전화번호가 식당 전화번호로 바뀌고, 가족사진에서 어머니의 모습도 사라지는 등 무언가 엄청난 일이 벌어진 것을 알게 된다. 과거의 사건을 인위적으로 바꿈으로 인해 어머니가 살인마에게 살해당하는 등 연쇄적으로 역사가 바뀌는 현상을 겪게 된 것이다.

D. 시간여행을 주제로 삼는 영화는?
　◇ 과거와 미래로의 시간여행을 통해 잘못된 사건들을 고쳐나가는 스토리 <빽 투 더 퓨처Back to the future, 1985>
　◇ 21년간의 시간차로 교신하는 연인들의 스토리 <동감Ditto, 2000>
　◇ 과거의 아픈 기억을 없앨수록 끔찍한 불행이 연속되는 영화 <나비효과The butterfly effect, 2004>
　◇ 시간을 되돌릴 수 있는 능력이 있는 주인공의 러브스토리 <어바웃 타임About time, 2013>
　◇ 우주의 블랙홀에서의 아빠와 지구에 있는 딸이 모스 부호로 교신하여 지구를 구하게 되는 영화 <인터스텔라Interstellar, 2014>

E. 아버지가 오랫동안 살아남을 수 있었던 습관의 개선은?

미래의 아들 존의 충고를 받아들여 하루 두 갑이나 피우던 헤비스모커의 습관을 끊은 프랭크는 폐암을 피해 오랫동안 살아남아 연쇄살인범을 처리하는 데 도움을 주게 된다. 우리도 미래를 가상해 보고, 나쁜 습관(과음, 흡연, 도박, 음주운전 등)을 개선할 수 있다면 건강과 행복을 누리는 데 도움이 될 것이라는 생각이 든다.

에필로그

출처: 생전 필자의 부친이 보낸 엽서

사랑하는 사람들 사이에는 과학으로 설명할 수 없는 초자연적인 기적의 힘이 흐른다고 한다. 영화에서 아버지와 아들도 서로를 사랑하는 마음으로 불행을 이겨내고 다시 행복한 순간을 만들어낸다. 살아가면서 도저히 해결할 수 없는 일도 사랑과 소통으로 이루어낼 수 있다는 것을 가르쳐 주기도 한다. 지금 곁에 있는 사랑하는 사람에게 사랑의 주파수를 맞추고 아름다운 대화를 시도해 보길 권한다. 행복은 상대방의 주파수에 맞추면서 적극적으로 소통하며 만들어가는 삶의 여정이다. 서랍 정리를 하다가 돌아가신 아버지가 옛날에 보내주신 정다운 엽서를 발견했다. 그 순간 오래전 아버지와 지금 나의 추억의 주파수가 맞춰지며 아름답고 행복한 기억이 환하게 나를 비추어 주었다.

05

제발 날
체포해 주세요!

캐치 미 이프 유 캔Catch me if you can, 2002

프롤로그

—

모든 일에는 절대적인 선과 악이 없듯, 빛과 그림자의 양면처럼 그것을 의미 있게 비추도록 도와주는 사건과 사람이 있다. 영화 <캐치 미 이프 유 캔Catch me if you can, 2002>에서 부모의 이혼으로 상처받은 주인공은 자신의 재능을 일종의 삶에 대한 복수심으로 사기를 치며 사는 데 전념한다. 그를 추적하던 FBI 요원의 진정성 있는 이끌림에 거짓된 자신의 과거를 멈추고 어두웠던 경험을 토대로 자신의 능력을 사회악을 물리치는 데 기부하게 된다. 악인은 주변의 환경에 의해 만들어지고 훌륭한 사람은 그를 알아주는 사람에 의해 만들어지듯이 '어두운 터널에서 자신을 바로잡아 줄 것을 기대하는' 청춘들을 위한 인생 멘토들의 진정성 있는 지도가 필요하다.

● 영화 줄거리 요약

1960년대 실존했던 미국의 천재사기꾼 프랭크 애버그네일 주니어 (레오나르도 디카프리오 분)의 실화를 다룬 작품이다. 그는 1965년 미국 팬암(팬아메리칸 월드) 항공사의 부조종사를 가장하여 비행기를 공짜로 타고 50여 주에 있는 은행을 돌아다니면서 위조수표 250만 달러를 남발하고 140만 달러를 횡령한 대단한 도둑이다. 부유한 사업가 아버지와 매혹적인 프랑스인 어머니를 둔 프랭크는 행복했던 가정에서 자라지만, 아버지가 사업에 실패하고, 어머니와 이혼하는 등 연이은 가정불화로 가출한 후 자신의 재능을 엽기적 사기행각에 이용하게 된다. 이에 FBI(미국 연방수사국)의 범죄 금융팀 요원 칼 핸래티(톰 행크스 분)가 그를 추적하게 된다. 칼 핸래티는 프랭크의 속임수에 번번이 당하다가 결국 체포하는 과정에서 두 사람은 묘한 동질감을 느끼게 된다. 칼 핸래티는 다시 도망간 프랭크를 그의 재혼한 어머니 집에서 체포하게 되고, 아무 데도 갈 곳 없던 프랭크를 FBI에 취직시켜 금융사기와 위조

범죄에 대한 최고 전문가로 재생의 길을 열어준다.

● **관전 포인트**

A. 프랭크가 사기행각을 벌이게 된 배경은?

프랭크는 부모님의 이혼으로 가정이 해체되자, 돈이 없어 이런 불행이 찾아왔다고 생각하게 된다. 이에 수단과 방법을 가리지 않고 돈을 벌어 다시 행복한 가정을 복원하기 위해 사기 행각을 벌이기 시작한다. 프랭크는 그의 아버지에게서 임기응변의 센스와 말솜씨를 물려받아 학교에서 대리 교사를 천연덕스럽게 연기했고, 원하는 것을 얻기 위한 방법을 집요하게 찾아내는 천재성과 함께 어른스러운 외모로 16세임에도 불구하고 26세의 비행기 조종사 역할을 하기도 한다.

B. 프랭크가 항공사 조종사로 행세할 수 있었던 방법은?

고교 시절 교내 잡지사 기자를 위장해 팬암 조종사 파일럿을 인터뷰하면서 조종사에 대한 모든 정보를 습득하고 난 후, 도서관에서 팬암 연감에 실린 샘플 신분증으로 자신의 조종사 신분증을 만든다. 그리고 모형 장난감 비행기에 붙어 있는 팬암 스티커를 떼어내서 조종사 전용 개인 수표를 제작하여 본격적인 금융사기 행각을 시작한다. 은행

원과의 데이트에서 얻은 많은 정보와 함께 경매장에서 수표에 계좌번호를 찍는 기계도 사서 완벽한 위조수표를 만들어내기 시작한다. 프랭크는 아직 미성년자여서 지문과 전과기록이 없었고 DC코믹스 만화책 "베리 앨런" 속 주인공 이름 플래시The Flash를 가명으로 써서 보수적이고 관성적인 관점을 지닌 FBI 요원들이 추적해 내기 어려웠다.

C. 프랭크가 전전한 기상천외한 직업들은?

프랭크는 16세의 나이에 2년간 팬암 항공사 부조종사를 사칭하며 2백 차례에 걸친 공짜 비행을 감행하고, 그 후 1년여 동안 하버드 의대 수석 졸업 출신으로 위장하여 조지아 병원의 소아과 전문의로 근무했으며, 예일대 법대 출신 변호사로 둔갑하여 법무부 장관 사무실의 변호사로 위장 취업해 9개월여를 보낸 희대의 사기꾼이다. 그는 1969년 프랑스에서 체포되기 전까지 5년간 무려 8개의 가명을 사용했으며, 전 세계 26개국과 50개 도시에서 250만 달러의 위조수표를 발행해 쓰고 다녔다. 1960년대 FBI 최연소 지명 수배자이기도 했던 그는 12년 형을 선고받았으나 미성년자보호법에 따라 프랑스와 스웨덴, 미국에서 5년 동안 수감생활을 했다. 출소 후 FBI 요원들에게 자신의 수표 위조 기술을 전수했으며 그 후 25년간 FBI 아카데미와 정부 기관에서 각종 사기 범죄에 대한 이론과 실무를 가르치며 세계 최고의 금융사기 위조 방지 전문가가 됐다.

D. FBI 요원 칼 핸래티는 어떤 사람인가?

FBI 요원 칼 핸래티는 우직하고 무뚝뚝하지만, 프랭크의 심성이 악하지 않다는 것을 알고 그를 새로운 삶으로 이끌기 위해 노력한다. 또한 그 본인도 과도한 직장 일로 이혼했지만, 딸을 둔 아빠로서 아직 어린 프랭크에게 남다른 연민을 가지고 있다. 프랭크가 FBI에서 일하게 되던 중에도 다시 도주를 감행하자, 칼은 "넌 돌아올 테니 뒤쫓지 않겠다"며 돌아서자 프랭크는 그의 신뢰를 배신하지 못해 다시 돌아오게 된다.

E. FBI 요원 칼이 신출귀몰한 프랭크를 체포할 수 있었던 계기는?

프랭크는 자신의 아버지가 불의로 사고로 죽자, 엄마가 재혼해 사는 프랑스에서 다시 위조수표를 만든다. 외로운 크리스마스 밤이면 자신을 쫓는 수사관에게 전화하는 프랭크의 외로운 심리를 파악하면서 FBI 칼은 프랑스의 몽샤드로 달려가 그를 자수시킨다. 프랭크는 체포되기 전 어머니가 사는 집에 잠시 들려 창밖에서 행복하게 사는 엄마의 모습을 보고, 다시는 과거로 돌아갈 수 없는 허탈감에 경찰에 순순히 자수하게 된다.

F. 프랭크가 의사, 변호사 일을 발각되지 않게 흉내 낼 수 있었던 방법은?

프랭크는 인기 의학 드라마, 법률 드라마(레이몬드버 주연의 아이언사이드)를 시청하면서 세밀히 심층 분석하여 전문용어나 많은 판례를 습득하였고 그 덕에 현장에서 실제로 의사나 변호사처럼 행세하는 데 무리가 없었다. 그리고 의사 면허증, 변호사 자격증은 그의 탁월한 위조기술로 만들 수 있었다.

에필로그

——

　영화 <캐치 미 이프 유 캔>에서 자신의 어릴 적 행복을 복원하기 위해 수단과 방법을 가리지 않고 돈을 모으던 프랭크는 가짜 의사로 활동하던 병원에서 부모님에게 버림받은 간호사 브렌다와 사랑에 빠지고 그녀의 집에서 다정한 부모의 모습을 보면서 결혼을 결심하지만, 그가 저질러온 엽기적 사기행각에 약혼식 날 도주하게 된다. 이 모습은 행복은 돈으로 살 수 없는 여러 가지 노력이 집적된 삶의 보물창고라는 것을 보여준다. 공교롭게도 레오나르도 디카프리오가 출연했던 영화 <위대한 개츠비The great Gatsby, 2013>에서도 한 여인의 사랑을 쟁취하기 위해 수단과 방법을 가리지 않았던 개츠비도 불행한 삶을 살았다. 그러나 프랭크의 방황은 FBI 요원 칼의 진정성 있는 계도와 신뢰로 징역 대신 FBI의 금융 범죄해결사로 임용되면서 세계적 금융보안업 전문가로 태어난다. "삼국지"에서도 제갈공명은 자신의 재능을 알고 삼고초려한 유비에게 자신의 모든 것을 바쳐 대업을 완수했듯이, 누군가의 성공 뒤에는 무한히 믿어주고 사랑해 주는 사람이 있다는 것을 깨닫게 된다. 지금은 아바의 노래 'The winner takes it all'처럼 승자독식의 냉정한 시대지만, 방황을 멈춰 세우고 올바른 길로 잡아주기를 간절히 바라는 누군가를 위해 따뜻한 충고와 도움을 멈추지 말아야 한다.

사관과 신사An officer and gentlemen, 1982

프롤로그

—

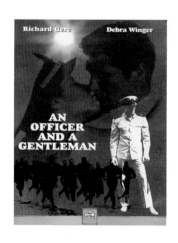

솔직한 고백만이 상대방에게 진심을 전달해 원하는 것을 얻을 수 있다. 하지만 사람들은 자신의 자존심을 지키기 위해 빙빙 에둘러 말해, 상대방이 진심을 파악하지 못하고 오해하게 만든다. 이는 최악의 경우 결별을 가져오게 하는 원인이 된다. 영화 <사관과 신사An officer and gentleman, 1982>에서 주인공은 어릴 적 불우한 환경에서 자신의 삶을 지키기 위해 상대방을 믿지 않고 거칠게 살아온다. 하지만 인생의 결정적인 순간에 맞닿아서는 자신의 속마음을 솔직하게 드러내면서 성공과 사랑을 얻게 되는 스토리다. 살아가면서 지나치게 자
존심만 내세우다가는 함께 세
상을 살아가는 사람들에게서 소
외당하기 쉽다. 그러므로 자신
의 마음을 솔직히 오픈하여 문
제를 해결하고 상대방을 이해시킬 수 있는 노력이 필요하다. 물론 상
대방의 진심을 이해하기 위해 지속해서 귀를 열고 적극적으로 돕는 태
도도 필수적이다.

● 영화 줄거리 요약

어릴 적 어머니의 자살
후, 필리핀 해군기지에서 부
사관으로 복무하던 방탕한
성격의 아버지를 찾아간 잭
메이요(리차드 기어 분)는 거친
해군기지에서 살게 되고, 시
애틀에서 대학을 졸업하자
마자 해군조종사양성 항공학교에 입학한다. 그곳에서 남을 늘 감싸고
배려하는 동료 시드 월리(데이빗 키스 분) 등 좋은 친구들을 만나게 되
나, 교관 폴리(루이스 고셋 주니어 분: 아카데미 남우 조연상 수상)는 매우 혹독
하고 잔인한 훈련으로 메이요에게 좌절과 고통을 맛보게 한다. 훈련
4주째, 생도들을 위한 파티에서 제지공장에 다니는 폴라(데브라 윙거 분)
와 리네트(리사 브라운트 분)를 만난 잭과 시드는 그녀들과의 부담 없는
사랑으로 훈련에 지친 몸과 마음에 위안을 얻는다. 하지만 어린 시절
의 불우한 환경 탓에 마음이 닫혀 오직 자기밖에 모르던 잭은 폴라의

43

진심 어린 사랑에 부담감을 느낀다. 훈련 수료가 임박한 어느 날 갑작스러운 시드의 퇴소와 자살 사건으로 힘든 시간을 보내던 메이요는 폴라의 사랑이 자신의 외로운 삶에 가장 소중하다는 것을 깨닫고 장교로 임관하는 날 그녀와 함께 새로운 세계로 떠나게 된다.

● 관전 포인트

A. 메이요 후보생이 폴라에게 사랑을 느끼는 계기는?

처음에는 극한의 훈련 스트레스를 풀기 위해 폴라를 만나 즐기지만, 동네 불량배와 싸움 후 날카로워진 메이요를 감싸주고, 사랑을 나눈 아침에는 거창하지는 않지만, 화병에 꽃까지 곁들인 정성이 담긴 아침 식사를 차려주는 폴라의 모습에서 그동안 가족의 포근함을 모르고 자란 메이요에게 '생의 최고의 식사'라고 느끼게 만들고, 폴라와 함께 살고 싶다는 생각이 들게 된다.

B. 메이요가 퇴소의 위기에 처한 이유는?

주머니 사정이 좋지 않던 메이요는 부대 수병들을 통해 받은 버클, 군화 등 각종 군용물품을 내부검사를 두려워하는 후보생들에게 몰래 팔고 있었는데, 독사 같은 교관 폴리에게 걸려 주말 외출 대신 혹독한 지옥훈련을 받게 된다. 모욕적인 언사와 함께 악착같이 퇴소B.O.R를 요구하는 교관에게 "나는 갈 곳이 없어요I've got nowhere else to go"라고 울먹이며 이곳에 남아야 하는 자신의 처지를 간절히 호소한다.

C. 절친 시드가 자살한 이유는?

평소 메이요를 편견 없는 우정으로 대해 주던 시드는 형의 사망 이후 죄책감과 집안의 기대에 부응하고자 해군 장교후보생으로 입소했다. 하지만 시드와 사귀던 폴라의 친구 리네트가 거짓으로 임신을 고백하자, 그에 대한 고민으로 고고도 훈련에 집중하지 못하고 스스로 자퇴를 선언한다. 그리고 시드는 리네트에게 반지를 사서 청혼하며 페니 백화점의 매니저가 되겠다고 하자, 파일럿과 결혼하여 세계를 자유롭게 여행하고 싶던 리네트는 임신도 거짓이었다며 시드를 거부한다. 배신감에 시드는 그녀와 사랑을 나누던 모텔에서 결혼반지를 삼키고 자살하게 된다.

D. 사관과 신사의 의미는?

불우한 성장기를 거쳤던 메이요는 누군가를 진심으로 이해하고 사랑하는 방법을 배우지 못했는데, 후보생 교육 시 기체역학 과목을 도와주는 등 시드에게는 따뜻한 우정을, 폴라에게는 가족 같은 사랑을, 후보생들에게는 동료애를 배우면서 차츰 신사로 변하게 된다. 시드의 죽음으로 폴라에 대한 실망이 컸지만, 폴라는 리네트와 다른 순수한 여자임을 깨닫고 장교로 임관하는 날, 그녀가 일하는 제지공장으로 달려가 그녀를 안고 떠나게 된다.

E. 메이요가 장교로 성장하는 모습은?

그동안 이기적으로 살던 메이요는, 9주간의 장교 훈련과정을 통해 달라지고 있었다. 마지막 극기 훈련 장애물 통과 코스에서 최고의 기록을 낼 수 있었지만, 여자 후보생 시거가 힘들어하자 그는 되돌아와서 그녀에게 용기를 주어 같이 골인 지점에 도달한다. 이런 모습에서 진정한 리더로 거듭나기 시작한 것이다. 또한 메이요는 시드의 죽음에 교관 폴리의 강요가 있었다고 오해하고 퇴소를 각오하고 개인적으로 결투를 신청한다. 폴리는 메이요의 결투를 받아주면서 서로의 해묵은 감정을 격투기로 해소하고 장교로 임관하게 된다.

에필로그
—

인생에서 성장과 성공을 위해서는 반드시 통과해야 할 여러 가지 관문이 있다. 다듬어지지 않은 청년이 거친 훈련을 통해 신사적인 장교로 거듭나는 모습에서, 힘들고 고통스러운 오늘을 내일의 희망차고 성공으로 가는 피할 수 없는 길로 받아들이며 즐기는 마음이 필요하다. 한 가지 어려운 관문을 통과했다고 인생이 장미꽃길로 변하지는 않지만 그런 과정을 통해 사랑도, 명예도, 희망도 만들어지는 것이다. 혼란하고 힘든 삶 속에서도 우리에겐 돌아갈 곳이 있다는 것에 한 줄기 희망과 다시 시작할 힘을 얻게 된다. Joe Cocker & Jennifer Warnes가 부른 영화 주제곡에서도 "갈 길은 멀고 우리 앞엔 산들로 놓여 있지만, 매일 한 발자국씩 오르는 거다. 바로 사랑이 우리가 가야 할 곳, 우리가 알고 있는 세상으로부터 멀리 떨어진 시원한 바람이 부는 곳으로 데려가주기 때문The road is long/There are mountain is our way/ But we climb a step everyday/Love lift us up where we belong/Far from the world we know/Up where clear winds blow"이라고 알려준다.

07
움직이는 정의의 칼날!

스파타커스Spartacus, 1960

프롤로그
—

힘의 균형이 깨진 사회에는 언젠가 분노에 찬 소리 없는 외침들이 노도와 같이 자정작용을 통해 어둠의 사회를 빛의 사회로 만들어낸다. 하지만 곳곳에서 나타나는 진실의 징조들을 권력자들은 애써 무시하며 결국 큰 불행을 맞이하게 된다. 영화 <스파타커스Spartacus, 1960 (아카데미상 남우조연상, 촬영상, 미술상, 의상상 수상)>에서 노예 출신 검투사는 인간이 누려야 할 최소한의 자유와 권리까지 착취하는 가혹한 집권자들의 횡포에 더는 참을 수 없어 분연히 일어났고, 결국 자만심과 타락이 절정에 달한 로마를 붕괴시키는 단초가 된다. 국가, 사회, 직장, 가정에서도 같은 논리가 적용됨을 잊지 말고 항상 자신을 경계하고 교만에

47

빠져 불행을 자초하지 않도록 겸허한 마음가짐을 유지해야 한다. 이 교훈을 무시하면 어디서나 스파타커스와 같은 정의의 실현자가 나타나 많은 대가를 치르고, 정의의 균형을 잡기 때문이다. 정의의 칼은 움직이는 거니까!

● 영화 줄거리 요약

BC 1년, 리비아 광산의 노예 스파타커스(커크 더글라스 분)는 검투사 양성소 주인 바티아투스(피터 유스티노브 분)의 눈에 띄어 카푸아의 양성소에서 훈련을 받기 시작하고 목숨을 건 훈련 속에서도 여자 노예 바리니아(진 시몬즈 분)를 사랑하게 된다. 어느 날 이곳을 방문한 로마 최고의 권력가 크라수스(로렌스 올리비에 분) 일행은 살생 시합을 요구하고, 검투사 드라바는 스파타커스의 목을 찌르는 대신 크라수스 일행에게 달려들었다가 목숨을 잃는다. 결국 크라수스에게 팔려가는 바리니아를 본 스파타커스가 포악한 훈련관 마셀러스를 죽이는 것을 계기로 노예들이 봉기하여 반란이 시작된다. 스파타커스를 대장으로 한 그들은 가는 곳마다 노예를 해방시키고 집단은 점점 커지게 된다. 로마로 끌려가던 도중 바티아투스로부터 도망친 바리니아 또한 스파타커스와 재회한다. 한편, 원로원 내에서 크라수스와 팽팽히 대치 중인 실권자 그라쿠스(찰스 로튼 분)는 크라수스의 세력을 분산시키기 위해 크라수스의 처남이자 심복인 글라브러스의 부대를 노예군 토벌대로 보내고 대신 자신의 젊은 친구 시저에게 로마 수비대를 맡긴다. 글라브러스의 군대가 전멸하자, 원로원은 노예 소탕에 성공하면 제1집정관으로서 독재권을 준다는 조건으로 크라수
스에게 진압을 의뢰한다. 스
파타커스의 계획은, 실레지
안 해적의 배를 입수해 노예
들을 모두 고향으로 보내는
것이었지만 그라쿠스의 주선
으로 노예군에게 배를 제공
하기로 한 해적들이 크라수스에게 매수되고, 고립된 노예군은 크라수스
군과 정면으로 대치하다가 궤멸당하지만 스파타커스의 숭고한 정신은
면면히 이어지게 된다.

● **관전 포인트**

A. 노예들의 봉기가 일어난 결정적 원인은?

카푸아의 검투사 양성소에 들른 로마 최고의 부자 크라수스와 귀
족 일행은 노예들의 살인 경기를 강행시킨다. 이때 스파타커스와 싸우
던 드라바는 평소 로마 귀족에 불만으로 스파터커스를 죽이지 않고 도
리어 크라수스에게 달려들다가 죽임을 당하게 된다. 또한 자신이 좋아
하던 여인 바리니아가 로마에 팔려가는 상황에서 스파타커스와 노예
2백 명은 인간 이하의 착취에 분연히 일어나 봉기가 시작되고, 가난한
농민들까지 합류하면서 1만 명 이상으로 불어나게 되고 로마군을 긴
장시키게 된다.

B. 크라수스를 스파타커스의 진압할 로마군 총사령관으로 보내는 과
정은?

상원의 최고 실력자 크라쿠스와 로마수비대 사령관 시저는 최고

부자이며 공명심에 가득 찬 크라수스를 보내 스파타커스를 진압하려고, 그를 제1집정관으로 선출해 이태리 전 군단 지휘를 맡기게 된다. 로마를 떠나 자유인이 되고자 했던 스파타커스 군대는 배가 없어 이태리의 모든 노예를 해방하려 했던 원래 계획대로 힘든 전쟁을 강행하게 된다.

C. 해적단의 협상단과 거래 시 스파타커스의 결단은?

자신이 실레지안 해적단이 가진 5백 척의 배를 사겠다고 하자, 해적 협상단 레반투스는 "당신이 로마군에게 패배할 걸 알면서도 싸우겠소? 모두 생명을 잃지 않습니까?"라고 하자 스파타커스는 "모든 인간은 죽음으로 패배한다오. 모든 인간은 죽지만, 노예와 자유인은 잃는 게 다르지요. 자유인이 죽으면 삶의 즐거움을 잃는 거지만 노예는 고통을 잃지요. 죽음이 노예에겐 유일한 자유요. 그렇기에 두렵지 않은 것이오. 그렇기 때문에 우리는 이길 거요"라며 강한 의지를 보여준다.

D. 승승장구하던 스파타커스가 로마군에 패배한 이유는?

연전연승하던 스파타커스와 동료 크릭투스와 의견이 갈리게 된다. 스파타커스는 알프스산을 넘어 고향으로 돌아갈 것을 주장했고, 크릭투스는 재산을 더 모아 로마에 정착할 것을 주장했다. 결국 크릭투스는 3만의 병력과 떠났다가 로마의 겔리우스에게 전멸당하게 된다. 해적의 도움으로 바다를 건너 그리스로 건너갈 예정이던 스파터커스는 크라수스의 뇌물로 배신한 실레지안 해적으로 인해 배를 구하지 못한 상황에서 크라수스, 폼페이우스, 루컬러스의 막강한 군대에 6만 명이 전사하고, 포로가 된 6천 명은 로마로 이어진 아피안 길거리에서 십자가형을 당하게 된다.

E. 마지막 출전에 앞서 부인 바리니아에게 당부하는 말은?

스파타커스는 출전에 앞서 "내 아들이 자유인으로 태어나길 기도하오. 내 아들을 잘 돌봐주시오. 아이가 나를 알지 못하게 되면 내가 누구였는지, 우리의 꿈이 무엇이었는지 말해 주시오. 진실을 아이에게 말해 주시오. 많은 사람이 거짓을 말할 것이오"라며 임신한 아내에게 당부하게 된다. 반란군의 궤멸 후, 크라수스 집정관에게 정치적 숙청을 당한 상원의원 크라쿠스는 검투사 양성소 주인인 바티아투스에게 거금을 주고 스파타커스의 부인인 바리니아와 아기를 안전한 아키타니아로 피신시켜 준 후 자결하고 만다. 피신 길에서 바리니아는 십자가에 못박힌 스파타커스와 재회하면서 아기를 보여주며 "아버지가 누구였는지 무엇을 꿈꾸었는지 말할 거예요"라고 하며 마지막 작별을 고한다.

F. 전쟁에 패배 후 반란군 포로에게 크라수스 총사령관이 제시한 것은?

반란군의 궤멸 후, 잡힌 포로들에게 크라수스 총사령관은 스파타커스를 지목하는 사람은 끔찍한 십자가 처형을 면제해 주고 과거처럼 노예로 살게 해 주겠다고 회유하자, 여기저기 수천 명의 사람이  죽음을 무릅쓰고 자신이 스파타커스라고 주장하며 스파타커스를 보호한다. 한편 크라수스는 스파타커스의 아내 바리니아를 자신의 여자로 만들어 그에 대한 공포감을 달래려고 하지만 의연한 그녀에게서 아무런 위안도 얻지 못한다. 마침내 스파타커스를 찾아낸 크라수스는 그의 동료 안토나이너스와 결투를 벌이게 한 후 승자인 스파타커스를 십자가형에 처한다.

에필로그

기독교라는 새로운 신앙이 숙명적으로 로마의 이교도적인 폭정을 무너뜨리고 새로운 사회를 건설하기 전 마지막 세기까지 로마공화국은 문명사회의 최중심부에 자리 잡고 있었지만, 비대해진 자만심과 향락이 절정에 달하면서 노예를 동물처럼 착취하고 한낱 귀족들의 장난감으로 경기장에서 죽임으로써 마침내 봉기를 촉발하게 된다. 지금 세계에도 미국과 중국, 일본 등의 자국 이기주의 팽배와 국내 모든 부분의 심각한 불통 상황은 결국 고통을 수반한 악순환의 길로 나가게 될 것이다. 서로 양보하고 타협하는 길을 두고 흑역사처럼 정녕 인간들은 벼랑 끝으로 나가야만 하는 것인지 안타까울 뿐이다.

08

위대한 시대를 개척한 거인!

자이언트Giant, 1956

프롤로그

세상을 호령하던 영웅도 언젠가 안식을 찾고 길었던 인생의 여정을 정리하게 된다. 영화 <자이언트Giant, 1956>에서 광활한 목장을 경영하던 주인공은 사랑하는 여인과 가정을 이루면서 길들이지 않은 야생마에서 한 집안의 가장으로 성장하는 삶을 보여준다. 또한 그 과정에서 절대 불변일 것 같던 자신의 신념과 철학도 시대의 요구와 가족들을 위해 바꾸어가는 모습을 볼 수  있다. 부인은 거대한 야망의 길을 살아온 남편에게 "당신은 나에게서 벗어날 수 없어요"라며 큰 애정과 용기를 준다. 많은 사람에게 초일류 프라이드Pride를 심어주고 떠난 삼성의 이건희 회장도 위대한 시대를 개척한 거인Giant으로 영원히 기억될 것이다.

● 영화 줄거리 요약

텍사스의 방대한 땅을 소유하고 있는 빅 베네딕트(록 허드슨 분)는 종마를 사기 위해 버지니아주 메릴랜드에 있는 린튼가를 찾아간다. 이곳에서 린튼 박사의 첫째 딸인 레슬리(엘리자베스 테일러 분)를 만나게 되고, 서로에게 깊은 호감을 느끼게 된다. 이후 두 사람은 급속히 가까워져 사랑하게 되었고, 마침내 둘만의 보금자리를 마련한다. 결혼 후 레슬리는 빅을 따라 긴 열차 여행 끝에 광활한 텍사스 리하타 목장에 도착한다. 자동차를 타고 가도 다 보려면 며칠이 걸릴 정도로 광대한 대지를 가진 빅의 농장을 보고 레슬리는 입을 다물 줄 모른다. 레슬리는 목장 생활에 적응하기 위해 여기저기 살피던 중 빅의 조수 격인 제트 링크(제임스 딘 분)를 만난다. 제트는 레슬리를 데리고 친절하게 이곳저곳을 안내한다. 한편 레슬리가 들어온 뒤 점차 자신의 권위가 흔들리는 것에 불쾌해하던 빅의 누이 러즈는 길들여지지 않은 종마를 타고 나갔다가 낙마해 죽고 유언으로 가깝게 지내던 제트에게 얼마간의 땅을 상속으로 남긴다. 이에 제
트는 불모의 땅 대신 현금을
주겠다는 빅의 제의를 거절하
고 작게나마 자기 소유의 목
장을 건설한다. 그 뒤 세월이
흘러 제트의 땅에서 석유가
쏟아져 나오자 그는 막대한
부자로 성장한다. 한편 제트는 레슬리에 대한 열정이 솟구치는 것을
느끼고 괴로워하지만, 그들의 인생은 벌써 황혼이며 새로운 세대가 시
대의 주인공으로 부상하는 것을 막을 수는 없었다.

● 관전 포인트

A. 레슬리가 제트와 친해지는 배경은?

목장 탐방을 하던 레슬리는 제트의 안내를 받던 중, 가난한 멕시코
인부들이 사는 판자촌에 들러 그들의 참혹한 생활 수준을 보고 그들을
따뜻하게 보살펴주게 된다. 그 모습을 본 제트는 빅과 다른 레슬리의
인간적인 모습에 호감을 느끼게 된다. 훗날 빅의 막내딸 러즈가 제트
를 좋아하게 되지만, 제트는 옛날부터 레슬리를 짝사랑하고 있었고,
그런 사실을 알게 된 러즈는 크게 실망하고 제트를 잊기 위해 할리우
드로 떠나게 된다.

B. 제트가 부자가 된 사연은?

빅의 누이가 죽으면서 남겨준 작은 땅을 '작은 리아타'라고 부르며
정성껏 가꾸다가 어느 날 석유가 쏟아져 나오면서 졸지에 벼락부자가
된다. 미스터 텍사스로 불리게 된 제트는 '허모사' 지역에 그의 공항과

호텔을 짓고 호화로운 기념행사를 준비하고, 빅의 막내딸 러즈는 제트에게 반하게 된다. 제트는 축하 행사 차량에 '퍼레이드 여왕'을 탑승시키고 마음에도 없는 청혼을 한다. 빅은 제트의 허세에 뒤지지 않으려고 비행기를 구입해 제트의 행사장에 참석한다.

C. 농장주 빅의 철학이 달라지는 계기는?

그동안 거대한 목장의 주인으로 세상 중심의 리더로 군림하던 빅은 정열적이지만 슬기로운 부인 레슬리의 충고와 자신의 쌍둥이 아들 조단 3세와 딸 주디 그리고 막내딸 러즈의 거침없는 행보로 서서히 달라진다. 아들 조단을 자신의 뒤를 잇는 목장주로 키우려 했지만, 조단은 의사가 되길 결심한다. 또한 크리스마스날 멕시코인 간호사 후아나를 신붓감으로 데려오기도 하며, 딸 주디도 남편 밥과 그들만의 작은 목장을 경영하겠다고 선언한다. 2차대전이 끝나고 아들 조단은 후아나와 결혼 후 아들을 낳는다. 또한 목장을 자신의 숙명으로 여기던 빅은 앙숙이던 제트의 설득으로 결국 유전사업자로 변신하게 된다.

D. 빅과 제트가 크게 싸우게 된 이유는?

일꾼으로 일하던 제트는 베네딕트 가문이 멕시코인들에게서 에이커당 5센트씩 땅을 사들인 것은 강탈이나 마찬가지라는 부당함을 가지고 있었고, 지주와 카우보이라는 신분상 차이로 서로 거부감을 가지고 있었다. 이후 빅의 멕시코인 며느리 후아나가 인종차별을 받고 그녀의 남편이자 빅의 아들인 조단이 연단으로 걸어가던 제트를 가로막자 오히려 조단은 제트의 주먹세례를 받고 쓰러진다. 화가 난 빅은 술이 저장된 창고로 제트를 데려가지만, 술에 취한 제트를 때리지는 못한다. 집으로 돌아가던 도중 들린 카페에서도 후아나가 인종차별을 받게 되자 빅은 가게 주인과 싸움을 벌이고 나가떨어지게 된다. 이를 본

레슬리는 남편에게 "유린당한 인권을 위해 싸우다가 카페에서 쓰러졌을 때가 가장 멋졌던 남편이었고, 베네딕트 가문이 100년 만에 진정한 승리자가 됐다"고 변하는 시대를 슬기롭게 극복해 나가는 남편을 격려하며 부부간의 깊은 신뢰와 정을 확인한다.

E. 이 영화가 유명한 이유는?

<바람과 함께 사라지다 Gone with the wind, 1939>와 같이 자신의 고향을 사랑하고 후손을 위해 헌신하는 사람들을 통해 애국심과 프라이드를 심어주는 영화다. 이 영화는 조지 스티븐스 감독의 3부작 <젊은이의 양지A place in the Sun, 1951>, <셰인Shane, 1953> 중의 하나로 5백만 달러의 제작비를 투자한 1950년대식 블록버스터 영화이다. 아카데미상 10개 부문에 후보로 올랐고 감독상을 받기도 했다. 영화 개봉을 2주 앞두고 제임스 딘이 24세의 젊은 나이에 교통사고로 사망하여 유작이 되기도 하였다. OST인 'This then is Texas', 'The eyes of Texas', 'Yellow rose of Texas'는 텍사스의 강인함과 자부심을 나타내기도 했다.

에필로그
—

목장의 아웃사이더 카우보이에서 졸지에 거부가 된 제트는 돈이 쌓일수록 더 큰 외로움에 힘들어한다. 빅과 레슬리 부부에겐 소중한 가족이 있기 때문에 제트는 자신의 인생이 더 외로웠을 터였다. 인생을 살아가면서 혼자만의 삶도 자유롭고 편안하지만, 세월이 갈수록 커뮤니티와 가족이라는 울타리는 무엇과도 바꿀 수 없는 큰 위안과 행복을 가져다준다. 1971년 하명중, 한혜숙 주연의 TV 드라마 <꿈나무: 유리시스터즈> 주제가에서도 이 영화처럼 행복은 가족과 자녀를 통해 완성된다는 것을 공감하게 된다.

[꿈나무: 이쪽 가지엔 건강의 열매, 저쪽 가지엔 황금의 열매/명예의 열매 지위의 열매 행운의 열매 주렁 주러렁/세상의 소망 다 품어보고 하고 싶은 일 다 해 봤지만/돌아온 것은 너희들의 옆 잘살아다오 아들딸들아/잘 자라다오 나의 꿈나무 사랑스러운 아들딸들아 나의 꿈나무]

09

매너가 신사를 만든다!

킹스맨Kingsman, 2017

프롤로그

—

007시리즈가 이데올로기의 갈등을 배경으로 하는 전통적 첩보물이라면 요즘 등장하는 다양한 방식의 스파이 영화는 생활 속 악과 대결하는 현실적 스토리물이다. 영화 킹스맨 2편 <킹스맨: 골든 서클Kingsman: The golden circle, 2017>에서 비정상적인 도발로 지구를 위기에 빠트리는 악당을, 깔끔한 슈트를 입은 첩보원들이 신사적인 매너를 지키면서 퇴치하는 모습은 마치 현실

속 직장인을 보는 것 같다. 임무 중 동료들을 지키고 악을 물리치기 위해 지뢰를 대신 밟은 요원이 씩씩하게 노래를 부르며 악과 함께 장렬하게 산화하는 모습에서 우리가 잊고 살던 정의감과 희생정신을 일

59

깨워준다. 오늘 노래를 부르며 우리가 살아가는 현실 속에서 작은 정의라도 실천하길 기대해 본다.

● 영화 줄거리 요약

1편 <킹스맨: 시크릿 에이전트Kingsman: The secret service, 2015>가 중세시대 '원탁의 기사' 등 영국 역사와 문화를 풍자한 스토리로 구성됐다면, 2편 <킹스맨: 골든 서클Kingsman: The golden circle, 2017>에서는 힘의 균형이 영국에서 미국으로 넘어간 양상이다. 어느 날 국제적 범죄조직 골든 서클의 포피(줄리안 무어 분)에 의해 영국 킹스맨 본부와 런던 새빌 로의 양복점 그리고 요원들의 집이 무참히 폭파된다. 유일하게 살아남은 에그시(태런 에저튼 분)와 멀린(마크 스트롱 분)은 킹스맨 '최후의 날' 수칙에 따라 발견된 추모주 위스키병에서 '생산지 미국 켄터키'라는 키워드를 발견한다. 키워드를 따라 미국 켄터키의 동맹조직인 스테이츠맨의 존재를 알게 되어 찾아가던 중 테킬라 요원을 만나 죽은 줄 알았던 해리 요원(콜린 퍼스 분)을 만나게 된다. 킹스맨과 스테이츠맨은 영국과 미국에서 비밀조직을 꾸려 킹스맨은 양복점을, 스테이츠맨은 양조장을 운영하고 있었다. 이들은 서로 협력하여, 전 세계인들을 마약의 인질로 위협하며 미국 대통령에게 마약의 합법화와 자

60

신과 부하들의 사면을 요구하는 악당 포피를 상대하게 된다. 이 과정에서 미국 위스키 요원의 배신으로 위기를 겪지만, 마침내 악의 화신 포피는 제거되고 사망 직
전의 세계 각국 환자들에게 드론으로 치료 백신이 전달되어 위기를 모면한다. 3편 <킹스맨: 퍼스트 에이전트The King's Man, 2021>는 프리 퀄로 제1차 세계대전을 배경으로 킹스맨 창설 초기 옥스퍼드 백작의 스토리가 담겨 개봉될 예정이다.

● 관전 포인트

A. 영화에서 미국을 상징하는 여러 가지 배경은?

미국 역사에서 서부 사람들은 척박하고 황량한 곳을 개척하는 강한 정신력을 발휘하는 모습을 볼 수 있는데 스테이츠맨도 거칠고 개척자적인 모습을 보인다. 영화에서는 서부의 스테이츠맨 양조장을 기반으로, 위스키 요원이 맡은 동부 뉴욕을 보여주고, 멀린이 '웨스트 버지니아' 노래를 부르는 모습과 미국의 대중적인 술 테킬라나 1932년 개발된 지포 라이터를 보여준다.

B. 2편에서 멀린이 보여주는 인상적인 리더십은?

킹스맨 조직 내에서 행정, 훈련, 작전에 관여하는 멀린이라는 요원은 에그시와 해리 둘이 작전을 수행할 때 악의 본부인 캄보디아까지 따라갔다가 지뢰를 밟은 에그시를 대신해서 자신이 지뢰를 밟고 포크송 '컨트리 로드'를 부르며 적과 자폭하여 친구를 구하고 악을 쳐부수기 위해 희생하는 감동적인 리더십을 보여준다.

C. 악의 여자 포피의 잔인성은?

로봇 개를 통해 사람을 산 채로 포획하여 고기 분쇄기에 넣어버리고 거기서 갈려 나온 재료로 패티를 만들어 햄버거를 만드는 잔인함을 보인다. 또한 자신의 과시감을 위해 영국의 상징적 국민 가수 엘튼 존을 납치하여 자신만을 위해 노래를 부르게 하는 편집증도 가지고 있다.

D. 킹스맨 요원들이 정장 신사복을 원칙으로 하는 이유는?

활동하기 불편할 수도 있지만, 그들은 인류의 평화를 지키는 가장 중요한 일을 하는 요원으로서 신사적인 매너와 지식 그리고 기술을 가지고 철학 없는 악당과는 확연히 다른 내적 외적 정통성을 추구한다. 캄보디아 악당의 소굴 근처에서 지뢰를 밟은 멀린이 노래를 부르자 다가온 경비병들은 그의 슈트 차림에 적인지 모르고 새로 온 변호사인가 착각하면서 경각심을 잃게 되어 결국 함께 자멸하게 된다.

E. 해리가 기억상실증에서 회복된 계기는?

영화 1편에서 악당 발렌타인에게 머리에 총을 맞고 죽은 줄 알았던 해리는 미국 스테이츠맨 조직의 나노기술 알파젤 응급처치로 살아났지만 군입대 후의 기억과 한쪽 눈까지 잃은 상태로 나비연구가의 기억만 가지고 있었다. 에그시와 멀린은 여러 가지 충격요법을 쓰지만 회생되지 않자, 에그시는 강아지를 데리고 와서 과거 해리가 애지중지하던 미스터 피클 강아지를 떠올리게 하여, 마침내 해리는 과거의 기억을 되살리고 다시 요원으로 복귀하게 된다.

에필로그

로맨틱 코미디 같은 첩보 영화지만, 많은 시사점과 감동을 준다. 특히 영국본부의 모든 것이 폭파되었지만, 다시 희망을 품고 적을 응징하는 킹스맨 불굴의 투지와 미국 스테이츠맨과의 동맹을 통해 희대의 악당을 물리치고 지구의 평화를 가져오는 모습에서 어떤 어려운 순간에도 포기하지 않고 당당히 악에 맞서고, 자신이 신념으로 하는 것에 대해 전통을 지켜나가는 것이 소중하다는 것을 알게 해 준다.

10

사상 최대의 작전!

지상 최대의 작전The longest day, 1962

프롤로그

—

　　제2차 세계대전의 전환점이 된 노
르망디상륙작전을 그린 <지상 최대의
작전The longest day, 1962>에서 독일
군을 공략하여 5년 전쟁을 끝내려고 하
는 연합군들의 처절한 전쟁 상황이 펼
쳐진다. 참혹한 전쟁 속 공동의 악을 섬
멸하기 위해 연합군들이 생사를 걸고
뭉친 것을 생각하면, 요즘 인류 공동의
적인 코로나19에는 노르망디상륙작전
처럼 전환점이 될 상황이 올 수 있지
않을까 하는 마음이 든다. 그만큼 인류를 이끄는 리더십의 부재와 산
업의 고도화 과정 속 인간성 상실에서 기인한다고도 생각된다. 코로나
19와의 전쟁은 국가별 종식은 전혀 의미가 없고 글로벌 협력을 통해

극복해야 한다. 다시 한번 역사의 참혹한 전쟁을 종식한 작전의 교훈을 통해 코로나19를 섬멸하고 평화로운 지구촌 마을로 돌아가기를 기원해 본다.

● 영화 줄거리 요약

2차대전 말 연합군은 미 사령관 아이젠하워 장군의 지휘하에 독일과의 전쟁을 종결시키기 위해 유럽의 대부분을 차지한 독일군을 밀어내는 대규모 작전을 세우는데, 그것은 다름 아닌 유럽의 중심지이자 프랑스의 서부 해안 지방인 노르망디에서 극비의 상륙 작전을 개시하는 것이다. 그러나 독일군 역시 집요한 암호 해독과 경계 근무로 연합군의 작전을 주시한다. 연합군 사령부는 워낙 큰 규모의 작전이라 쉽게 결정을 내리지 못하는 상황이었고, 독일군은 일반인에 대한 검문검색을 강화하는 한편, 모든 전쟁 물량을 해안에 집중시키지만, 레지스탕스의 활약으로 독일군의 경계 태세는 차츰 혼란에 빠지게 된다.

1,108개 연합군 부대가 집결한 영국에선 치밀한 작전 계획을 준비하며 작전 성공을 위해 비가 오는 악천후 속에서도 훈련을 거듭한다. 이에 병사들은 지쳐가면서도 서서히 디데이D‑day를 앞두고 긴장감이 감돌기 시작한다. 드디어 1944년 6월 6일 새벽 런던의 연합군 최고

사령부는 노르망디상륙작전 개시를 알린다. 여명을 기해 세계에서 일찍이 보지 못한 최대 규모의 상륙 부대가 유타, 고드, 오마하, 쥬노, 수워드 해안으로 상륙을 개시한다. '오버로드'라고 불리는 이 작전 기간에 9천 척의 선박, 3백만이 넘는 병력과 17만 대의 차량이 702척의 전함과 2백여 척의 소해정의 지원을 받으면서 노르망디 해안으로 수송했다. 문자 그대로 '사상 최대의 작전'이 시작된다. 미국, 영국 공수부대는 오른 강의 철교를 점령하나, 낙하산으로 적진에 투하된 부대는 독일군에 큰 손실을 본다. 한편 상륙 지점의 공방전은 실로 세기의 스펙터클로, 장병들이 빗발치는 포화 속을 돌진하는 광경은 역사에서 지워지지 않을 순간으로 영화에서 그려낸다.

● **관전 포인트**

A. 드라마적 요소보다 다큐멘터리 요소가 강한 이유는?

1950년대 텔레비전의 등장으로 영화산업이 위기에 처하자, 텔레비전 드라마가 따라올 수 없는 1,200만 달러를 투입하여 1만 1천 대의 전투기와 4백 척의 전함 등 엄청난 물량과 압도적인 화면으로 대결하게 된다. 컴퓨터그래픽이 없던 시절, 엄청난 규모의 엑스트라와 실제 전쟁 장비를 이용해서 찍은 영화로, 영국, 독일, 미국 진영을 각각 다른 감독이 촬영하여 편집하는 협력작업의 모태가 되기도 하였다. 1998년 제작된 스티븐 스필버그 감독의 <라이언 일병 구하기Saving private Ryan,

1998>는 오마하 해변에서 독일군의 MG42기관총에 쓰러지던 병사들을 실감 나게 보여준 다른 성격의 영화이다.

B. 노르망디상륙작전이 성공한 원인은?

독일군 최고 사령부는 여러 가지 이유를 들어, 롬멜장군이 "연합군은 노르망디에 상륙할 것이다"라는 주장을 해안의 높은 바람과 안개의 악천후와 지형적인 이유로 무시하고 도버와 칼레해안상륙을 대비하여 전선을 유지한다. 그러자 연합군은 짧은 시간 맑은 날씨를 이용해 25만 명의 병력은 상륙작전을 시작하여 전쟁의 승리를 확보하는 작전으로 성공하게 된다.

C. 영화에 출연한 많은 배우는?

5명의 감독과 43명의 유명 스타들인 미 82공수여단 벤자민 반더부트 중령(존 웨인 분), 29보병 부사단장 노먼 코타 준장(로버트 미첨 분), 미 4보병사단 부사단장 시어도어 루스벨트 3세 준장(헨리 폰다 분), 데이비드 공군 파일럿 중위(리차드 버튼 분), 플래너건 일병(숀 코너리 분), 폴 앵카가 출연하였다. 음악은 모리스 자르의 '사상 최대의 작전 마치'라는 주제곡으로 병사로 출연한 폴 앵커가 촬영 중 우연히 착상한 멜로디가 채택되어 합창곡으로 편곡된 것으로 영화 <콰이강의 다리The bridge on the river Kwai, 1957>에 나오는 마치와 함께 전쟁 행진곡으로 유명하다.

[Many men came here as soldiers/Many men will pass this way/Many men will count the hours/As they live the longest day/Many men won't sunset/When it ends the longest day(많은 사람이 군인으로 여기 왔다. 많은 사람이 이 길을 지날 거다. 많은 사람이 시간을 잴 거다. 가장 긴 하루를 살아내면서. 많은 사람이 일몰을 보지 못하겠지. 가장 긴 하루가 끝날 즘이면)]

D. 영화의 특징은?

원작자인 코닐리어스 라이언은 노르망디상륙작전 현장에 있었던 저널리스트로서, 그 하루 동안 작전에 참여한 장성들과 사병들, 독일군과 레지스탕스 시민 등 많은 사람이 겪은 상황을 세세하게 묘사하여 사실감을 더했다. 여기에 독일군은 독일어로 말하고 프랑스 사람은 프랑스어로 말하는 언어의 사실감을 살렸다. 흑백으로 제작되었으나, 노르망디상륙작전 50주년을 기념하여 미국과 프랑스가 공동으로 1,200만 달러를 들여 6개월이 넘는 작업 끝에 컬러로 복원하였다.

E. 영화의 명장면은?

해안에 거꾸로 놓인 철모 위로 유명한 북소리 주제곡이 서서히 음량을 높이며 시작되는 도입부, 성당에 잘못 낙하하여 전원 독일군에게 사살되는 미국 낙하산 부대, 프랑스 레지스탕스의 기차 폭파, 베토벤의 제5번 '운명 교향곡'과 함께 오마하 해변을 까맣게 뒤덮는 연합군 함대의 위용 등이 있다.

에필로그

행복한 시간은 찰나의 순간에 지나가지만 고통스러운 순간은 너무나도 길게 느껴진다는 원리처럼, 노르망디상륙작전의 하루는 너무나도 길고 고통스러운 하루였다. 독일군 롬멜 장군은 침공 후 24시간 안에 승패가 결정되므로 가장 긴 하루The longest day가 될 것이라고 예언하면서 상처를 입어 고통스럽게 사느니 차라리 죽는 게 나을 것이라며 전쟁의 공포를 얘기하기도 했다. 지금 지구온난화, 환경오염, 바이러스 감염, 핵무기 시험, 무역장벽, 인종갈등의 대혼란기인 지구상에서 다시 세계대전이 발생한다면 지구의 종말이 올지도 모르기에 전쟁의 역사를 반복하지 않기 위해 전 세계 국가들이 협력한 '사상 최대의 작전'으로 다시 한번 평화와 번영의 길을 모색해야 할 때이다.

셰인Shane, 1953

프롤로그

—

훌륭한 리더는 떠날 때를 아는 사
람이다. 자신의 역할과 책무를 다하고
홀연히 떠날 때 그 뒷모습은 오랫동안
기억된다. 하지만 많은 권력자는 권력
의 달콤함에 빠져 탐욕을 부리다가 결
국 떠날 타이밍을 찾지 못하고 강제로
하차당하며 영원한 후회를 하게 되는
경우를 볼 수 있다. 영화 <셰인Shane,
1953>에서 정의를 위해 악을 물리친
주인공은 자신을 붙잡는 소년에게 "사
람을 죽인 사람은 계속 머물 수가 없다"고 말하며 석양 속으로 사라진
다. 주인공이 마을에서 마지막 남은 불합리한 세력과 대결 후 떠나는
것은 미국 서부 개척 시대의 폭력 역사를 끊고 새로운 세대인 아이들

에게 평화로운 미래를 남긴다는 의미를 보여준다. 최근 주변에 유명한 사람들이 세상을 떠나는 것을 보며 세대마다 역할이 있었고, 그 역할의 성공 뒤에 남아  있는 사람들이 더 멋진 세상을 만들 수 있도록 자리를 비켜주는 것도 중요하다는 것을 느낀다. 떠날 때를 아는 사람은 먼 훗날 아름다운 기억으로 소환될 수 있는 진정한 영웅일 것이다.

● 영화 줄거리 요약

　1890년 여름 초록빛으로 물든 아름다운 와이오밍 고원에 단정한 사슴 가죽옷 차림에 침착한 태도, 그리고 눈매는 온화하면서도 예리함이 번뜩이는 셰인(앨런 래드 분)이라는 나그네가 지나가다 동부에서 서부로 이주해 온 개척민Home steads 조 스타렛의 집에서 하룻밤 신세를 지게 된다. 이곳에는 동부에서 이주해 온 개척민들이 살고 있었고 개간한 토지는 그들의 소유로 법률이 보장해 주었다. 조는 아내 마리안과 아들 조이와 세 식구의 가장으로 의지가 강인하고 그곳 주민들의 대변자이다. 그러나 이 지방에서 오래전부터 목축업을 하는 라이커는 툭하면 개척민들을 못살게 들볶으며 이들의 모든 땅을 차지하려 한다. 일꾼도 라이커의 등쌀에 견디지 못하고 떠나버리고 말자 스타렛은 셰인에게 월동 준비가 끝날 때까지만이라도 머물러 달라고 부탁한다. 마을 사람들은 라이커 일당 때문에 마을에 갈 때는 단체로 가기로 한다. 이때 또다시 시비를 걸어오는 라이커 일당과 싸움이 붙은 셰인이 물러

서지 않고 싸워 이기자 이를 지켜보면서 아들 조이도 자랑스러워한다. 총을 좋아하는 조이는 셰인을 만났을 때부터 그의 반짝이는 권총에 관심을 두고 결국 조이의 간절한 요청에 셰인이 커다란 소리를 내며 사격 시범을 보이자 눈이 둥그레진다. 어머니 마리안과 셰인도 서로 점점 더 깊은 신뢰를 느끼게 된다. 그러다 마을 사람 하나가 라이커가 고용한 잭 윌슨(잭 팰런스 분)이라는 냉혹한 쌍권총잡이에게 사살되자, 겁을 먹은 마을 사람들은 모두 떠나려 한다. 이 때문에 조가 그를 상대하려 하지만, 셰인은 스타렛을 때려눕히고 자신이 나선다. 처음으로 마을에 총을 차고 나타난 셰인은 총잡이 윌슨과 생사를 건 결투에서 윌슨을 죽이고 나머지 라이커 일당도 처치한다. 그리고 달려온 조이 덕분에 나머지 한 놈도 처치하지만 한쪽 팔에 상처를 입는다. 마을에 평화가 찾아오고, 셰인은 떠나지 않기를 간청하는 소년 조이에게 "사람은 자신이 사는 방식이 있지. 그걸 바꾸기는 어렵거든, 노력했는데 뜻대로 되지 않았구나. 이유야 어찌 되었든 난 살인을 했거든 돌이킬 수 없는 일이지"라며 마을을 떠난다. "잭은 총을 뽑지도 못했어요! 돌아와요, 셰인!" 하고 소리치는 소년의 메아리가 울려 퍼진다.

● **관전 포인트**

A. 셰인은 어떤 사람인가?

셰인은 한곳에 정착하지 못하고 떠도는 총잡이다. 이전의 총싸움과 살인이 난무했던 자신의 과거를 잊고 이제는 좋은 사람들과 한곳에 정착하여 평범한 삶을 살고 싶어 했고 그런 중에 개척민 조의 단란한 가정에 머물게 된 것이다. 조의 아들 조이가 장난감 총을 만지작거리는 소리에 신경과민적인 반응을 보인 것도 그가 목숨을 담보로 하는 위험천만한 삶을 살았음을 짐작하게 한다.

B. 셰인이 결국 다시 싸우게 되는 계기는?

셰인은 술집에서 악당 라이커의 졸개에게 수모를 당하지만 대응하지 않고 참는다. 그런 싸움에 얽히는 일은 넌더리가 난 과거의 세계로 다시 돌아가는 일이기 때문이다. 하지만 조를 비롯한 마을 사람들에 대한 라이커의 폭력이 점점 심해지자 셰인은 어쩔 수 없이 마음 깊이 억눌렀던 자신의 본성을 드러내게 된다.

C. 악당 라이커가 꺼낸 비열한 방법은?

라이커는 쌍권총의 달인 잭 윌슨을 고용하고 자작농의 수장 격인 스타렛을 굴복시키기 위해 잭을 이용하여 정착민 중 한 사람인 토리를 비열하게 살해한다. 정적을 깨는 굉음과 함께 토리의 몸이 뒤로 튕겨 나가는 이 살해 장면은 총이 내뿜은 연기를 뒤로한 잭 윌슨의 악마 같은 미소와 함께 긴장감을 고조시킨다.

D. 셰인의 마지막 일전은?

셰인은 악당 라이커 일당과 정면 대결하려는 조를 주먹으로 실신

시킨 뒤, 권총을 차고 그들을 응징하고 총잡이의 숙명처럼 다시 길을 떠날 수밖에 없다. 하지만 그의 숙명적 비극은 아이의 시선을 통해 낭만적인 빛깔로 채색된다. 조의 아들 조이에게는 셰인은 아버지와도 같은 영웅적인 존재다. 셰인이 악당과 대결하는 모습은 셰인의 실제 내면의 모습과는 전혀 반대인 것이다.

E. 셰인이 떠나는 이유는?

조이의 간청으로 셰인이 총 쏘는 법을 가르쳐주자, 조이의 어머니 마리앤은 야생적 폭력성의 상징인 총 없는 세상을 소원한다며 셰인을 원망한다. 그 말은 총잡이 셰인이 사는 세상이 어서 끝나고 안정된 법규가 있는 다음 세대가 올 것을 희망하는 것이다. 셰인이 떠날 때 조이의 엄마께 "이제 이 계곡에 총소리는 울리지 않을 것"이라는 말은 이제 서부에도 동부의 안정된 법규가 건너와 법치 사회가 온다는 희망을 전한 것이다.

에필로그

———

　미국은 서부시대 척박하고 험한 땅을 독자적으로 넓히고 개척하여 아름다운 삶의 터전을 만들었다고 믿는 자주적인 역사의 배경을 가지고 있다. 셰인은 서부에서 인디언들과 싸워온 타협이 되지 않는 불합리한 세력으로부터 정착민들을 구하고 신화를 써 내려갈 수 있도록 사람들을 인도하고 길을 닦고 홀연히 떠나는 영웅으로 기억된다. 그러나 지난 미국 대통령 선거에서는 타협보다는 갈등을 보여주는 모습이 대조를 이룬다. 박수 칠 때 떠나는 셰인처럼 아름다운 퇴장은 정녕 그렇게 어려운 것인가?

12

상과 하, 운명의 대결!

상과 하The Enemy blow, 1957

프롤로그

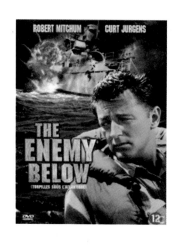

지금은 영웅을 찾아보기 힘든 시대다. 군인도 나라를 위해 헌신하는 안중근 의사(위국헌신군인본분)의 숭고한 정신은 없고, 개인의 사리사욕을 채우느라 작전에 구멍이 뚫리는 모습뿐이다. 마찬가지로 권력자들도 코로나19에 지친 국민에게 희망은커녕 이전투구의 치킨 게임으로 피로감만 더해 주고 있다. 아카데미 특수효과상을 받은 영화 <상과 하The Enemy blow, 1957>에서 제2차 세계대전 당시 미구축함 함장과 독일 유보트 선장은 망망대해의 경계선 위와 아래에서 팽팽한 긴장감 속에 생사를 건 군인다운 전투를 벌이고, 승패에 대해서는 깨끗하게 승복하면서 서로에게 경례하는 모습을 볼 수 있다. 이를 통해
싸움에도 품격이 있어야 승
부 뒤에 새롭게 시작할 수
있는 길이 열리게 됨을 배
우게 된다. 남 탓하고 뒤에
숨는 전투가 아닌 정면에서
프로 근성으로 정정당당하게 대결하는 모습을 지닌 리더의 출현을 기
대한다.

● 영화 줄거리 요약

미 해군 구축함 헤인즈오호 머렐 함장(로버트 미첨 분)은 과거 북대서
양에서 독일 유보트의 어뢰에 침몰당해 뗏목에 의지해 25일을 표류하
다 구조된 트라우마가 있다. 그러나 트라우마를 극복할 틈도 없이 바
로 다른 구축함의 함장으로 임명된다. 머렐 함장이 남대서양 항해 중
함장실 밖으로 한 번도 나오지 않자 부하들은 그가 화물선 삼등 항해
사라는 전력에 대한 의심과 함께 겁쟁이라는 소문까지 퍼트린다. 그러
던 중 레이더에 미확인 물체가 발견되고, 보고를 받자마자 함장실에서
나온 머렐 함장은 예리하고 일사불란하게 지휘함으로써 부하들에게
점점 믿음을 주게 된다. 독일의 유보트 폰 함장(커트주겐스 분)은 특공대
M과 접선하여 그들이 확보한 영국의 암호문서를 갖고 독일로 돌아가
는 임무를 받게 된다. 그러나 잠항 중에 미구축함의 추격을 받게 되고
어뢰를 발사하면서 위치가 노출된다. 이로 인해 두 함장 간의 고도의
두뇌 싸움과 심리전으로 치열한 승부를 펼치게 된다. 그러던 중 구축
함이 어뢰에 맞고 바다 밑에 있던 독일군 잠수함이 물 위로 올라오게

되자 머렐 함장은 함포 공격 후 구축함으로 충돌시켜 숨 막히던 전투를 끝낸다. 살아남은 두 함장은 각자 생사를 걸고 최선을 다해 승부를 펼친 동질감을 느끼며 전쟁이라는 참혹한 현실에서 실낱같은 희망을 발견하게 된다.

● 관전 포인트

A. 제2차 세계대전 해전의 주요 무기는?

지금처럼 첨단장비로 무장된 상태가 아닌 수중청음기와 수중음파탐지기(소나 프로젝터)로만 보이지 않는 적을 상대해야 했다. 계속해서 폭뢰를 내려뜨려 잠수함을 위협하고, 잠수함의 부하들은 밀폐된 해저의 작은 공간에서 그 두려움과 싸우며 어뢰로 구축함을 공격하게 된다. 유명한 잠수함 영화는 주겐 프로크노 주연의 <특전 유보트The boat, 1982>, 숀 코너리, 알렉 볼드윈 주연의 <붉은 10월The hunt for red October, 1990>, 덴젤 워싱턴, 진 해커만 주연의 <크림슨 타이드 Crimson Tide, 1995>, 해리슨 포드, 리암 니슨 주연의 <K-19 위도우 메이커K-19: The Widowmaker, 2002>가 있다.

B. 머렐은 어떤 함장인가?

트리니다드 항구를 떠난 이후 줄곧 함장실에서 두문불출하는 머렐을 두고 부하들은 "뱃멀미나 하는 병역기피자가 정규해군의 자리에 들어온 거야. 좌현과 우현이나 구별할 줄 아는 사람이길 바라"라며 무시한다. 하지만 레이다에 적의 잠수함이 포착되자 비상한 통찰력으로 대응하던 함장은 "우리가 적의 잠수함과 마주치게 되더라도 놀라지 않기 바란다. 모두 맡은 바 임무를 충실히 수행한다면 우리는 승리할 것이다"라고 부하들에게 확신과 안정감을 심어준다.

C. 독일의 함장 폰은 어떤 사람인가?

백전노장인 독일 잠수함 선장은 비록 전쟁으로 적과 치열하게 싸우지만, 전쟁에서 두 아들을 잃고 전쟁을 혐오하는 평화주의자다. 부하인 쿤츠 중위가 "총통이여 명령을, 우리는 당신의 명령을 따르겠습니다"라는 플래카드를 걸어두자 자신의 수건을 던져 가리며 잘못된 전쟁과 히틀러에 대한 적대감을 보인다. 또한 처음에는 머렐 함장을 "너무 똑똑하든지 아니면 너무 바보 같든지"라고 생각하다가 자신의 마음을 꿰뚫고 2번이나 폭뢰에 당할 뻔하자 위험을 무릅쓰고 잠수함을 해저 바닥으로 대피하게 된다.

D. 군의관이 머렐 함장에게 쉴 것을 권하자 반응은?

"적의 잠수함이 나타난 것이 나한테는 어떤 약보다 더 효과적이다. 나는 육감으로 적이라는 것을 안다. 내 마음은 레이더 빔의 다른 쪽 끝에서 작동하고 있다는 걸 나는 안다"라며 마치 맹수를 사냥하는 사냥꾼처럼 반응한다. 독일 잠수함에서 어뢰를 발사하도록 유도한 머렐 함장은 어뢰를 쏘는 데 걸리는 시간이 10분이라는 것을 알고 배를 좌현으로 신속히 틀어 어뢰를 피하게 되자 부하들은 그의 예지력에 감탄하게 된다. 하지만 잠수함을 잡기 위해 발사한 폭뢰는 독일 함장의 기지로 실패하게 된다. 과거 자신이 탔던 화물선이 독일군의 어뢰에 맞아 파괴된 후 해군에 입대한 머렐은 전쟁이 끝나도 "우리가 예전에 가졌던 영속성에 대한 믿음이 사라질 것이고 비참함과 파괴는 끝나지 않을 것이라는 심각한 진리를 배운 것"이라며 전쟁은 미래의 희망을 없앴다고 생각한다. 그것은 자신이 타고 있던 화물선이 유보트에 의해 파괴될 때 부인이 죽은 데서 온 아픈 상처이기도 하다.

E. 승부를 가른 마지막 전투는?

미구축함이 규칙적으로 바닷속에 있는 잠수함을 추격하며 폭뢰를 정확히 투하하자, 어뢰 발사실의 한 독일 수병은 공황 상태가 되어 렌치를 들고 난동을 부린다. 이때 함장은 "죽는 것은 우리 임무 중의 일부다. 그렇지만 우리는 죽지 않을 것이다. 나를 믿어라"라며 강한 신념을 심어주고, 군가를 틀어 함께 노래 부르면서 공포를 진정시키고, 마지막 남은 어뢰 4발을 동시에 발사하여 1발이 미구축함에 명중한다. 이때 머렐 함장은 갑판 위에 매트리스와 휘발유를 써서 불을 피워 병사들이 많이 죽고 배에 불이나 침몰하는 것처럼 꾸며 잠수함이 수면으로 부상하자 함포를 발사하고 구축함을 잠수함과 충돌시켜 버린다. 화재가 나면서 승조원들은 탈출하고 폰 함장은 부상한 부함장을 데리고 탈출하다가 적인 머렐 함장의 기지에 존경의 경례를 하자 머렐도 정중하게 화답한다. 머렐이 던져준 밧줄을 타고 같이 탈출하게 된다.

에필로그

독일 잠수함과 조우한 미구축함 함장은 모든 무전을 끄며 잘못된 반사파로 적을 교란하여 위치추적을 피하면서 적이 어떻게 움직일지를 정확히 예측하며 고도의 작전을 펼친다. 이에 함장을 겁쟁이로 여겼던 부하들은 그의 명령에 일사불란하게 움직이며 복종하게 된다. 훌륭한 리더는 자신이 맡은 직무에 높은 프로 근성과 다양한 경험에서 나오는 통찰력 그리고 여유로 조직을 안심시키면서 한 방향으로 리더해 나가는 것이다. 미구축함 함장처럼, 솔선수범과 신뢰성을 갖춘 품격 있는 리더로서 자기가 그곳에 존재하는 이유를 찾을 수 있는 기회를 만들어나가야 한다.

13

같이 밥 먹을 수 있는 사이!

그린북Green book, 2018

프롤로그

누군가를 떠올리면 결코 같이 마주 앉기조차 싫어지는 사람이 있다. 하지만 먼저 손을 내밀면 그 사람도 덥석 손을 잡아 올 수도 있을 것이다. 이는 외로워도 먼저 손 내미는 걸 두려워하는 사람도 많기 때문이다. 영화 <그린북Green book, 2018(아카데미 작품상, 각본상, 남우조연상 수상)>에서 결코 쉽게 친해질 수 없는 두 사람이 8주간의 동행을 통해 서로의 입장을 이해하게 되고 끈끈한 우정을 키우게 된다. 오늘 매일 같이 밥 먹는 편한 사람 말고 어색했던 그 사람에게 먼저 밥 먹자고 한번 제의해 보면 어떨까?

● 영화 줄거리 요약

1962년 뉴욕, 떠버
리 토니라 불리던 이탈
리아계인 토니 발레 롱
가(비고 모텐슨 분)는 나
이트클럽의 질서를 지
키는 주먹꾼 해결사로
월세를 걱정하며 대가
족을 부양한다. 넉넉하

지는 않지만 매우 화목하다. 그러다 갑자기 클럽이 2개월 휴업하자 경
제적 어려움으로 단기 일자리를 찾게 되고 다행히 자메이카계인 피아
니스트 셜리 박사(마허 샬레 알리 분: 아카데미 남우주연상 수상)의 남부 지역
연주회 투어의 운전기사 겸 보디가드로 일하게 된다. 지식과 교양에
자산까지 갖춘 천재 피아니스트 셜리 박사와 허풍과 주먹만으로 어렵
게 하루하루를 살아가는 토니의 모습은 매우 대조적이다. 1960년대
미국은 아직 공공연한 인종차별과 함께 유색인종들은 대부분 빈곤층
이었기에, 그들의 고용 관계는 당시로써는 보기 드문 풍경이었다.

● 관전 포인트

A. 그린북이란?

　미국 남부 지역은 피부색에 따라 출입이 결정되는 숙박시설이 많았기에 토니는 셜리 박사의 숙박을 위해 수시로 그린북을 보며 운전을 해야 했다. 그린북은 인종차별이 만들어낸 상징적인 책이다. 흑인은 백인들이 이용하는 호텔, 실내 화장실, 식당, 양복점을 사용할 수 없는 슬픈 역사가 담겨 있다. 흑인 인종차별 주제 영화 <초대받지 않은 손님Guess who's coming to dinner, 1967>, <헬프The help, 2011>, <히든 피겨스Hidden figures, 2016> 등이 있다.

B. 부자인 셜리 박사가 굳이 인종차별이 심한 남부지역 투어를 결정한 이유는?

　피아니스트이며 심리학 박사이기도 한 셜리는 인종차별의 벽을 깨고 싶어 남부 투어를 결정한다. '천재성만으로는 변화가 부족하거든, 사람의 마음을 움직이려면 용기가 필요하다'라는 생각으로 가는 곳마다 엄청난 모욕을 당하면서도 투어를 강행한다. 투어 중 경찰의 불심검문에서 싸움이 벌어져 구치소에 갇힌 그들은 결국 셜리가 친분이 있던 케네디 주지사의 도움으로 풀려나고 난 뒤, 불평하는 토니에게 "난 평생 그런 푸대접을 받았는데 당신은 하룻밤도 못 참아? 돈 많은 백인이 피아노 치라고 돈을 주지, 문화인 기분 좀 내보려고, 하지만 무대에서 내려오는 순간 그 사람들한텐 나도 그냥 깜둥이일 뿐이야. 그게 그들의 진짜 문화니까. 그런데 하소연할 곳도 없어. 내 사람들도 날 거부하거든, 자신들과 다르다면서! 충분히 백인답지도 않고 충분히 흑인답지도 않고, 충분히 남자답지도 않으면 난 대체 뭐지?"라며 어디에도 하소연할 곳이 없어 밤마다 커티삭 위스키를 마시며 외로움으로 힘든 나날을 보내왔던 셜리는 결국 울분을 터뜨린다.

C. 토니가 흑인에 대한 편견이 없어지게 되는 계기는?

　처음에는 돈 많은 흑인의 운전기사로 일하는 것이 탐탁하지 않았던 토니였지만, 그가 처음에 도착한 피처 버거에서 셜리의 감동적 연주를 듣고 매료된다. 또한 토니가 집의 아내에게 보내는 편지 내용을 격조 있게 리뷰해 주는 셜리를 통해 친근함을 느끼게 된다. 단순히 일과만 담던 편지에 "당신을 처음 만난 날 사랑에 빠졌고 오늘도 당신을 사랑해. 남은 생 동안도 당신을 사랑할 거야"라는 편지를 받은 부인은 눈물을 흘리며 감동하게 된다.

D. 토니와 셜리의 투어 일정 중 생겼던 사건은?

　◇ 첫 방문지인 펜실베이니아 피처 버거를 거쳐 두 번째 방문지인 인디애나주 하노버에 도착한 토니는 미리 연주회 장소에 들러 점검할 때 셜리 박사가 주문한 슈타인웨이 피아노 대신에 쓰레기가 가득 들어 있는 낡은 피아노가 있는 것을 보고 관리자에게 교체를 요구한다. 이에 그는 "검둥이 주제에 아무거나 주는 대로 치면 되지"라고 비하를 하고 화가 난 토니는 그를 주먹으로 응징하고 슈타인웨이 피아노로 바꾼다.

　◇ 세 번째 방문지인 켄터키주 루이즈 빌 방문 시 싸구려 모텔에서 잠시 나와 인근 바에서 외로움을 달래려던 셜리 박사는 백인 불량배들에게 몰매를 당하게 된다. 이에 토니는 달려와 등 뒤에 권총을 숨긴 것처럼 행세하며 셜리를 구해 내게 된다. 다음 날 공연을 마친 후 화장실을 이용하려는 셜리 박사에게 지배인이 야외의 임시 화장실을 쓰라고 하자 그는 거부하고 30분 걸리는 숙소에 가서 용변을 보게 된다.

　◇ 네 번째 연주장소인 테네시주 멤피스로 가는 도중에 자동차의 고장으로 잠시 길에 서게 된다. 농장에 일하는 흑인 인부들이

양복을 빼입은 흑인을 모시는 백인 운전기사를 이상하고 어색한 눈초리로 보게 된다. 한편 호텔에서 지배인이 식당 사용을 금지하자 그들은 연주를 취소하고 인근의 허름한 유색인종이 가는 식당을 방문하여 식사를 즐긴다. 그 후 셜리는 즉흥적으로 피아노 연주를 하며 격식을 벗어던지고 진심으로 공연을 즐거워하는 사람들과 함께 기쁜 연주를 하게 된다.

E. 셜리가 토니를 좋아하게 되는 계기는?

비록 무식하고 폭력적인 토니지만 그는 부인과 가족을 사랑하는 따뜻한 인간미가 있는 사람이다. 또한 자신이 곤경에 처했을 때 친구처럼 구해 주고 돌봐줄 때 우정을 느꼈다. 테네시주 멤피스에서 만난 토니의 친구들이 흑인 밑에서 일하지 말고 새 일자리를 주겠다고 해도, 토니는 과감히 거절하고 셜리를 계속 돕게 되면서 셜리의 큰 신뢰를 얻게 된다. 남부 투어 연주회를 마치고 크리스마스 가족 파티에 늦지 않게 도착하려는 몸살이 난 토니를 대신해 자신이 직접 폭설 속을 운전해 데려다준다. 이에 토니는 혼자 성탄을 보내게 될 셜리를 초대하고, 방문한 예방객 셜리에게 토니의 부인은 포옹으로 환영하며 남편의 편지를 도와준 것에 감사인사를 한다.

에필로그
—

남부 투어 연주회를 마치고 뉴욕으로 돌아가던 중 토니는 몸살 때문에 뒷좌석에 눕게 된다. 이에 셜리 박사가 폭설 속을 직접 운전하여 토니의 크리스마스 가족 파티에 데려다주는 장면에서 이미 그들은 사회적 통념으로 규정지어진 인종, 성별, 계층 간의 한계를 뛰어넘어서 따뜻한 인간미를 지닌 훌륭한 인격체로 다시 태어난 것을 보여준다. 최근 스몰 웨딩을 통해 결혼을 아름답고 의미 있게 진행하는 사람들이 많아지고 있다. 그런데 아직 어떤 사람은 자신들을 초대하지 않았다고 섭섭해하기도 하는데, 사람이든 일이든 선입관을 가지고 접근한다면 분명 한계가 있고 좋은 변화도 기대할 수 없다. 오늘 용기를 내서 그런 사회적 불필요한 관념을 뛰어넘어 자유와 행복감을 느껴보자.

14

혹한의 시대가 온다!

투모로우The day after tomorrow, 2004

프롤로그

　큰 재앙이 닥치기 전 많은 곳에서 사전적인 징후가 감지되곤 한다. 하지만 오만한 인류의 리더들은 그런 유의미한 현상들을 무시하다가 결국은 걷잡을 수 없는 큰 고난을 맞게 된다. 영화 <투모로우The day after tomorrow, 2004>에서는 지구 온난화로 인한 빙하기를 경고하는 학자의 말을 무시하다가 결국 엄청난 재앙을 맞이하게 된다. 현재 겪고 있는 코로나19 사태의 원인, 대처 과정에서도 많은 비과학적 판단과 시행착오로 인류는 고통받고 있다. 돌이킬 수 없는 재앙을 막기 위해 가져야 할 가장 중요한 포인트는 사전적으로 발생하는 재난의 시그널을 예의주시하고 전문가

의 경고를 무시하지 않는 겸
허한 자세와 시의적절한 조
치이다. 영화 말미에 "우리
는 깨달았습니다, 자연의 분
노 앞에 인간은 무력함을.
인류는 착각해 왔습니다, 지
구의 자원을 마음껏 써도 될
권리가 있다고. 하지만 그건 오만이었습니다"라는 미국 대통령의 대사
가 의미심장하다.

● 영화 줄거리 요약

  기후학자인 잭 홀 박사(데니스 퀘이드 분)는 남극에서 빙하 코어를 탐
사하던 중 지구에 이상 변화가 일어날 것을 감지하고 '지구 온난화
UN대책회의'에서 만 년 전 기상 이변의 증거를 통해 지구의 기온 하
강에 관한 연구발표를 하게 된다. 급격한 지구 온난화로 인해 남극,
북극의 빙하가 녹고 바닷물이 차가워지면서 해류의 흐름이 바뀌게 되
어 결국 지구 전체가 빙하로 뒤덮이는 거대한 재앙이 올 것이라고 경
고한다. 그러나 그의 주장은 세계 경제발전에 저해가 된다고 비웃음만
당한다. 한편 잭 박사의 아들 샘(제이크 질렌할 분)은 퀴즈대회에 참석하
고자 간 뉴욕에서 해일이 밀려오자 국립도서관에 갇히게 된다. 얼마
후 일본에서는 우박으로 인한 피해가 TV를 통해 보도되는 등 지구 곳
곳에 이상기후 증세가 나타나게 된다. 잭은 해양 온도가 13도나 떨어
졌다는 소식을 듣게 되고 자신이 예견했던 빙하시대가 곧 닥칠 것이라
는 두려움에 떨게 된다. 잭은 아들을 구하러 가려던 중 백악관으로부
터 연락을 받고 대통령에게 브리핑을 통해 현재 인류의 생존을 위해서

는 지구 북부에 위치한 사람들은 이동하기 너무 늦었으므로 포기하고 우선 중부지역부터 최대한 사람들을 멕시코 국경 아래인 남쪽으로 이동시켜야 한다는 과감한 주장을 하고 그 주장을 믿고 이동을 시작한 사람들은 일대 혼란에 휩싸이게 된다.

● 관전 포인트

A. 빙하로 뒤덮인 뉴욕에 아들을 구하러 가는 잭 박사의 자세는?

잭 박사는 대통령이 말리는데도 "의미 없이 얼음 더미 속에서 죽더라도 전 가야 합니다. 제 아들이니까요. 평생 신경 한번 제대로 못 쓴 사랑하는 제 아들이니까요." 그리고 "나는 내 아들이 그렇게 약한 녀석이 아니라는 것을 알기 때문에 눈보라를 뚫고 가는 겁니다. 그리고 우리 인류는 지난 빙하기 때도 살아남았어요"라는 대사에서 부자간의 신뢰와 끈끈한 정을 느낄 수 있다.

B. 제이크가 생존을 위해 선택한 방법은?

아버지와 극적으로 통화한 잭은 아버지의 충고대로 도서관에 모여 있는 사람들이 안전한 곳을 찾아 떠나려 하자 "모두 밖으로 나가지 마세요, 나가면 얼어 죽어요!"라며 말린다. 그리고는 노숙자가 보온에는 신문지가 최고라는 말에서 힌트를 얻어 도서관 안 벽난로에서 책을 땔감으로 태우고 자판기에서 식품을 꺼내 구조대를 기다리자고 설득한다. 하지만 이러한 제이크의 노력에도 많은 사람이 떠났고 그들은 결국 모두 얼어 죽게 된다. 그 후 폭풍의 눈이 걷힌 뒤 잭 박사는 아들 제이크와 친구들을 구해 낸다.

C. 잭 박사의 경고에 정치인들의 반응은?

잭 박사는 헤드랜드 기상센터의 테리 박사로부터 해류 수온이 급강하한다는 전화를 받는다. 그리고 그에 대한 전조증상으로 토네이도가 로스앤젤레스를 쑥대밭으로 만들자 부통령을 찾아가 10일 후 폭풍이 끝나면 바로 만오천 년 전에 끝난 빙하기가 도래하니 북부부터 신속한 대규모 대피령을 요청한다. 하지만 이런 잭 박사의 요청은 무시당하게 된다. 드디어 뉴욕 등 북부지역의 빙하기가 시작되자 뒤늦게 대통령은 잭 박사에게 대책을 묻는다.

D. 여자친구가 다치자 제이크가 한 행동은?

자신이 좋아하던 로라가 다리에 난 상처로 패혈증에 걸리게 되자 제이크는 위험을 무릅쓰고 항생제를 구하러 나간다. 선박에서 굶주린 늑대의 공격을 받게 되지만 친구들과 협력으로 위기를 극복하고 도서관으로 돌아와서 로라를 구하게 된다.

E. 인류에게 재난을 예고한 영화들은?

◇ 혜성의 지구충돌을 예고한 < 딥 임팩트Deep impact, 1998 >

◇ 22,000마일의 속도로 지구를 향해 돌진하는 행성의 위기를 다룬 < 아마겟돈Armageddon, 1998 >

◇ 암 치료제 부작용으로 전 인류가 멸망한 후 과학자 윌 스미스가 좀비 회피 백신을 만드는 역경을 그린 < 나는 전설이다 am legend, 2007 >

◇ 지구를 대청소하기 위해 내려온 외계인을 설득하는 < 지구가

멈추는 날The day the earth stood, 2008>
◇ 인류멸망의 2012년을 조망한 <2012, 2009>
◇ 지구 환경오염으로 붕괴한 지구를 대신한 새로운 행성을 찾아
나선 <인터스텔라Interstellar, 2014>
◇ 인공지능이 인류를 역습하는 <싱귤래리티Singularity, 2017>

에필로그

불편한 진실을 무시하고 아전인수격으로 재난에 대처하다 보면 호미로 막을 것을 가래로도 막을 수 없게 되는 것을 여러 번 보았다. 특히 국민의 생명과 안전에 관한 일은 팩트 중심의 과학적인 접근이 가장 중요하다. 대중영합주의적 접근은 상태를 더 키워 돌이킬 수 없는 사태로 몰고 갈 수 있다. 그동안 겪은 많은 시행착오를 반복하지 않았으면 하는 간절한 바람을 해 본다. 그래야 우리의 소중한 일자리와 가족과의 따뜻하고 사랑스러운 일상이 유지될 것이다. 콧대 높은 미국인들이 한파를 피해 멕시코로 피신하는 장면에서 결국 인류는 서로 협력하고 사랑해야 한다는 교훈을 얻게 된다.

15

자유를 향한 탈출!

쇼생크 탈출The shawshank redemption, 1994

프롤로그

—

과거 군사정권 시대를 거치면서 더 이상의 강압은 없을 것으로 믿었다. 하지만 시간이 많이 흐른 지금도 극복해야 할 많은 속박이 있음을 발견한다. 자신의 마음속에 도사리고 있는 탐욕과 이기심에 의한 갈등, 선과 악의 기준을 마음대로 바꾸며 남을 헐뜯고 비하하는 비상식, 모든 일상을 통제하는 코로나19 압제, 이런 다양한 속박의 요소들은 과거의 반복되는 교훈에도 불구하고 독선적 시행착오로 사람들에게 많은 희생과 고통을 강요하고 있다. 영화 <쇼생크 탈출The Shawshank redemption, 1994>에서 주인공은 억울하게 누명을 쓰고 오랜 세월 감옥에 갇히지만 강압된 환경을

적극적으로 극복하고 마침내 신념의 실천을 통해 자유의 길로 떠나게 된다. 현재 나를 억누르는 속박의 요소는 어떤 것들이 있는지 생각해 보고 극복하기 위한 자신만의 소중한 탈출구를 만들어나가야 한다.

● 영화 줄거리 요약

포틀랜드에서 촉망받던 은행 부지점장 앤디 듀프레인(팀 로빈슨 분)은 아내와 그 애인을 살해한 혐의로 종신형을 받고 쇼생크 교도소에 수감된다. 강력범들이 수감된 쇼생크 교도소는 재소자들을 짐승 취급하고 잘못하면 개죽음당하기에 십상이다. 처음엔 적응을 못하던 앤디는 교도소 내 모든 물건을 구해 주는 레드(모건 프리먼 분)와 친해지며 교도소 생활에 적응해 나간다.

그러던 어느 날, 앤디는 간수장 하들리의 세금 면제를 도와주며 간수들의 비공식 회계사로 일하게 되고, 마침내는 소장 노튼의 검은 돈까지 관리해 주게 된다.

덕분에 교도소 내 도서관을 열 수 있게 되었을 무렵, 신참내기 토미로부터 진범을 알게 되고 자신의 무죄를 입증할 기회를 얻게 되지만,

노튼 소장은 앤디를 독방에 가두고 토미를 무참히 죽여버린다. 이 사건을 계기로 앤디는 자신만의 치밀한 탈출 방법을 준비하게 된다.

● 관전 포인트

A. 교도소장의 파렴치한 행동은?

노튼 교도소장은 자신은 규율과 성경을 소중히 여긴다고 말하지만, 자신의 이익을 위해서는 죄 없는 사람도 서슴없이 살해하는 무서운 인간이다. 앤디가 자신의 비자금 관리를 맡게 되자 그를 종신토록 자신의 이익을 위해 희생하는 도구로 사용하려고 한다. 하지만 영리한 앤디는 스티븐슨이라는 가상의 인물로 계좌로 만들어 막대한 비자금 37만 불을 빼돌린 후 탈출과 동시에 교도소장의 비리를 경찰에 고발하며 사지로 몰아넣는다.

B. 교도소에서 가석방된 죄수들이 자살하는 이유는?

교도소에서 사회와 격리되어 살아가던 죄수들이 가석방되더라도 외로움과 사회에 적응하는 방법을 배우지 못해 결국 자신의 숙소에서 목을 매는 일이 다반사이다. 앤디와 우정을 나누던 레드 역시 체념하며 수십 년간 교도소에 있다가 가석방되어 나오지만, 상실감에 자살을 시도하기도 한다. 그러나 죽을 결심을 하고 마지막으로 앤디를 찾아간 그는 앤디가 평소 말한 장소에서 편지와 돈을 발견한다. 편지에는 "친애하는 레드, 당신이 이걸 읽는다면 출옥했다는 뜻이고 여기까지 왔다면 좀 더 멀리 갈 수도 있겠죠. 그 마을의 이름 기억하죠? 내 사업을 도와줄 좋은 친구가 필요해요. 체스판 준비하고 당신을 기다릴게요. 기억하세요 레드, 희망은 좋을 겁니다. 가장 좋은 것일지도 몰라요. 좋은 것은 절대 사라지지 않아요. 이 편지가 당신을 발견하길 빌며 건강하길 바랍니다. 당신의 친구, 앤디"라고 적혀 있었다.

C. 앤디가 위험을 무릅쓰고 오페라 음악을 방송한 이유는?

자신이 일하는 교도소 도서관에서 6년간 의회에 지원요청으로 입수된 모차르트 피가로의 결혼 중 '저녁 산들바람은 부드럽게Che Soave Zeffiretto'를 틀자, 천상의 목소리는 회색 공간에서 누구도 감히 꿈꾸지 못했던 죄수들이 잊고 있었던 자유를 향한 구원의 목소리처럼 들렸다. 이 사건으로 앤디는 2주간 독방 신세를 지지만 퇴실 후 이유를 묻는 레드에게 "음악은 자신의 머리와 가슴에 있어 누구도 뺏을 수 없다고 말한다. 마치 희망처럼"이라고 말한다.

D. 앤디가 교도관들의 재무 상담 대가로 요구한 것은?

교도관들에게 절세의 상담을 통해 이익을 주며, 자신의 동료 죄수들에게 "야외에서 일하는 남자들은 맥주 한잔에 더 일할 맛이 난다며 시원한 맥주 3병씩을 제공해 달라"고 요구한다. 이런 제안을 받아들여 야외 작업을 하던 죄수들에게 얼음처럼 차가운 맥주가 제공되자 모두 자유인처럼 앉아서 따사로운 햇빛을 받으며 맥주를 마셨다. 하지만 앤디는 맥주를 마시지 않고 잠시만의 행복을 누리는 동료들을 보고 흐뭇하게 웃으며 평범했던 시절로 돌아가 자유의 공기를 마신다.

E. 앤디가 억압을 벗어나 가고 싶었던 곳은?

앤디는 레드에게 자신이 미래에 멕시코 섬으로 가서 태평양에 호텔을 열고, 배를 수리해서 타고 다니면서 자유를 만끽하고 싶다는 희망을 얘기하지만, 레드는 믿지 않았다. 하지만 앤디는 폭풍우가 치던 밤 19년 만에 자유를 향해 상상도 못 할 정도의 악취가 나는 오물 속으로 기어들어가, 미식축구 경기장 다섯 개의 길이인 5백 야드를 기어

96

탈출을 감행한다. 훗날 가석방한 레드는 지난날 흘려들었던 앤디의 말을 기억하여 그를 찾아가게 되고 우정을 확인하게 된다.

에필로그

———

성경의 출애굽기EXODUS 편 "두려움은 너를 죄수로 가두고 희망은 너를 자유롭게 하리라Fear can hold you prisoner, Hope can set you free"에 탈출용 암석 망치를 숨기고 자유를 향해 치밀하게 준비한 앤디는 억압하는 현실에 순응하지 않고 자신만의 희망을 쟁취하게 된다. 친구를 찾아가는 레드는 "너무 흥분돼서 앉아 있거나 생각하기조차 힘들다. 자유로운 사람만이 느낄 수 있는 기쁨이라고 생각한다. 끝이 어떻게 될지 모르는 긴 여행을 떠나는 자유로운 사람, 국경을 넘을 수 있기를 희망한다. 친구를 만나 악수하게 되기를 희망한다. 태평양이 내 꿈에서처럼 푸르기를 희망한다. 나는 희망한다"라고 말한다. 우리는 이를 통해 큰 속박은 오늘 실행하는 작은 용기에서 비롯된다는 것을 잊어서는 안 된다.

16
삶은 수상스키가 아니다!

형사 콜롬보^{Columbo}, 1968

프롤로그

—

엄청난 사건의 핵심적 단서는 의외로 작은 것에서 찾을 수 있다. 그래서 디테일의 관점이 중요하다. 미국 드라마 <형사 콜롬보^{Columbo}, 1968>에서 형사 콜롬보는 낡아빠진 코트에 다소 얼빠진듯한 표정, 독특한 코맹맹이 목소리를 가진 어수룩한 모습이지만, 작은 것을 놓치지 않는 날카로운 추리력을 가지고 있다. 현실에서 벌어지고 있는 백신 문제, 주택 문제, 계층 간 갈등 문제 등 많은 일이 겉치레에 집중하다 핵심적인 것을 놓치는 모습을 볼 수 있다. 상식과 과학적 사실에 근거한 합리적 판단만이 조기에 문제를 해결할 수 있는 지름길임을 잊어서는 안 된다. 눈물 젖은 빵을

먹어보지 못한 사람은 수상스키 타듯 폼만 내지만, 더 나은 삶을 개척해 나가는 사람은 시궁창에 손을 직접 넣어 막힌 오물을 건져내며 적극적으로 문제를 해결해 낸다.

● 영화 줄거리 요약

　　로스앤젤레스 강력계 형사 콜롬보(피터 포크 분)는 살인 사건 등 강력범죄 현장에서 단서를 발견하고 추리하여 범인을 집요하게 추적해 나간다. 특히 그는 전혀 혐의가 없을 것 같은 사회 저명인사, 부자, 상류계층, 성공한 사람, 그리고 가까운 친척에서 범인을 찾는다. 일반적인 추리물은 살인범이나 살인 방법을 모르는 상태에서 결말부에서 살해 방법과 살인범을 찾아내지만, 영화 <콜롬보>는 초반부에 살인범이 살인하는 이유와 방법을 보여주고 콜롬보 형사가 범인을 찾아가는 과정을 퍼즐 맞추듯 보여준다. 콜롬보는 범인의 지능적인 증거인멸과 조작 행위에도 굴하지 않고 결정적인 한 방을 먹이며 범인이 스스로 함정에 빠지도록 몰아간다.

● 관전 포인트

A. 콜롬보 형사의 집요한 특기는?

콜롬보 형사는 알리바이가 완벽하고 살해 동기가 전혀 없어 보이는 범인에게 능청맞게 접근하여 그에게서 범죄 해결의 자문을 구하는 등의 자연스러운 대화로 범죄 혐의점을 찾아낸다. 또한 심리전을 통해 방심한 범인에게 송곳 질문Listen, just one more thing(한 가지만 더 물어보겠습니다)을 던져 스스로 그가 거짓말을 하고 궁지에 몰리도록 만든다. 콜롬보의 차도 낡은 1959년형 푸조 403 컨버터블로 코트만큼이나 콜롬보를 닮았다. 콜롬보 형사는 도스토옙스키의 "죄와 벌"에 나오는 예심판사(형사반장) 포르피리를 벤치마킹해서 만든 인물이라는 설도 있다.

B. 콜롬보 형사의 개성 있는 캐릭터는?

곱슬머리, 노숙자 같은 후줄근한 트렌치코트, 독특한 제스처를 가진 모습 속에 숨긴 날카로운 추리력은 개성 있는 캐릭터의 모델로 상징된다. 탐욕에 계획범죄를 저지르는 상류사회 인사들의 번지르르한 외모와 대비되면서 진정한 행복은 사치스러운 부가 아닌 편안한 일상에 있음을 보여준다. 실제로 피터 포크는 어릴 적 병을 얻어 한쪽 눈을 제거하고 인공 안구를 이식하는 등 시련을 딛고 일어나 배우로 성공했고, 2008년 사망 후 3백만 달러를 UCLA 대학에 장학금으로 기부하기도 했다. 모든 사람이 가장 좋아하는 흐트러진 모습의 피터 포크는 오랫동안 기억될 것이다.

100

C. 다양한 범죄의 에피소드는?

대부분 유명 작곡가, TV쇼 진행자, 언론 재벌 등 상류계급 사회의 저명인사들이 범행을 저지른다. 권력과 부에 눈이 어두운 인간의 탐욕을 상징적으로 보여준다.

◇ 공연 중에 사람을 꾀어내어 살해하기 위해 미리 짠 음식인 캐비어를 먹이는 범인의 치밀한 수법
◇ 자신의 알리바이를 만들기 위해 해부학책으로 신체 장기 사이의 위치를 스스로 칼로 찌르는 범인
◇ 체스 경기에서 이기기 위해 상대방이 자살한 것처럼 유서를 꾸며 계단에서 밀어버리는 범인

D. 콜롬보와 비슷한 드라마는?

미국 NBC에서 1982년부터 1987년까지 방영된 <레밍턴 스틸Remington steele>이다. 주인공은 탐정사무실의 보조로 일하지만 풍부한 영화 지식을 통한 추리력으로 실제 탐정인 여자 주인공보다 더 유명해진다. 이 드라마로 피어스 브로스넌은 007시리즈의 제임스 본드로 전격 캐스팅되기도 한다. 삼성의 이건희 회장도 영화의 다양한 부문을 입체적으로 해석  하여 기업경영에 응용하기도 했다고 전해진다. 이렇듯 상상력과 영감은 예리한 제3의 눈을 키우는 영화와 소설에서 얻어질 수 있다.

에필로그
—

추리극을 통해 우리는 문제해결을 과학적이고 논리적으로 해결해 나가는 접근법을 배우고 이해하게 된다. 1968년부터 미국 NBC 방송에서 30년간 인기를 끈 <형사 콜롬보>는 깊은 통찰력과 풍부한 삶의 경험을 통해, 인간의 탐욕 심리를 꿰뚫고 마침내 문제를 해결해 나간다. 삶에서 부딪히는 일과 생활 속 많은 문제는 결국 이런 통찰력에서 비롯되는 것이 아닐까 생각해 본다. 삶은 결코 수상스키를 타는 것이 아니다.

제2부

위험한 미래

17
혼자의 섬에서
누리는 행복?

아일랜드The Island, 2005

프롤로그

'혼자만의 사회' 가속화로 감정이입
의 피곤함을 주는 가족보다 자신에게
집중하는 반려동물이 더욱 중요한 관
계의 우선순위로 자리매김해 가는 시
대가 도래했다. 또한 아침에 일어나면
AI가 오늘의 일정을 브리핑하고, 아침
에 확인된 소변, 체중, 맥박, 혈압 등이
원격진료시스템을 통해 자신의 건강
체크와 식단까지 짜주는 시대는 예측
가능한 현재 진행형이다. 영화 <아일

랜드The Island, 2005>에서는 '인간 복제'를 통해 상류층 부자와 권력
자들이 영생을 추구하는 과정에서 타인의 희생을 통해 오직 자신의 욕

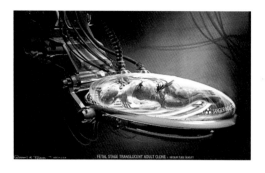

망에만 집중한다. 개인의 행복을 극대화하기 위해 전통적인 공동체 관계와 역지사지하는 상생 방식에서 벗어나 자신의 욕구에만 집중하게 되면서 달라지는 현대인들의 삶의 방식에서 과연 진정한 행복을 얻을 수 있을 것인가?

● 영화 줄거리 요약

뉴욕의 21세기 중반, 지구상에 일어난 생태적인 재앙으로 지구 종말이 찾아온 후 자신들이 유일한 생존자라고 믿는 링컨 6(이완 맥그리거 분)과 조던 2(스칼렛 요한슨 분)는 수백 명의 주민들과 함께 부족할 것 없는 공간에서 빈틈없는 통제를 받으며 생활하고 있다. 잠자리에서 일어나면서부터 몸 상태를 점검받고, 먹는 음식과 인간관계까지 격리된 환경 속에 살아가는 이들은, 지구에서 유일하게 오염되지 않은 희망의 땅 '아일랜드'에 추첨되어 뽑혀 가기를 갈망하고 있다.

한편 이상한 악몽과 예감에 시달리던 링컨은 제한되고 규격화된 이곳 생활에 의문을 품게 되고, 결국 이곳 사람들이 믿고 있던 모든 것들이 엄청나게 조작된 거짓임을 발견하게 된다. 자기를 포함한 모든 사람이 사실은 스폰서(인간)에게 장기와 신체 부위를 제공할 복제인간이라는 것과, 유사시 아일랜드로 뽑혀 가는 날이 신체 부위를 제공하기 위해 무참히 죽음을 맞이하게 되는 것임을 알게 된다.

링컨은 사랑의 감정을 느끼던 조던과 이곳을 탈출하여 실제 인간들이 살아가는 LA에서 자신과 똑같은 모습으로 살아가는 인간군상들과 조우하게 된다. 또한 자신들의 정체성을 찾아가는 여정에서 자신들을 제거하기 위해 메릭 박사(숀 빈 분)가 보낸 특수경찰 로렌트(디몬 하운수 분) 일행에게 쫓기는 절체절명의 위기를 맞이하지만, 링컨과 조던은 위기를 이겨내고 서로의 사랑을 확인하면서 복제로 태어난 생명체에서 진정한 인간으로 재탄생하는 모습을 보여준다.

● 관전 포인트

A. 영화에서 단순한 장기복제가 아닌 인간복제로 설정한 이유는?
   ◇ 장기복제만을 하면 이식수술 시 거부반응을 일으킬 수 있다는 설정
   ◇ 불임여성들을 위한 여성 복제인간을 대리모로 활용
   ◇ 미 국방성에서 1,200억 달러를 투자하여, 부상 병사 치료 및 특수한 인간병기를 기획하는 프로젝트 추진

B. 링컨이 엄청난 음모를 알게 된 계기는?
   자신들의 생활공간을 관리하는 장소인 제5구역에서 시설을 정비하는 양심적인 맥코드라는 엔지니어와 친해지면서 금지구역에서 아일랜드로 가는 로또에 당첨된 복제인간들이, 현실세계에 사는 사람들이 치명적인 질환에 걸렸을 때 장기를 대신 제공해 주는 수술을 받고 죽음

을 맞이하는 장면을 목격하게 된다. 또한 제5구역에 날아들어온 나비를 보면서 죽음의 땅으로 오염된 바깥세상에는 또 다른 생명체가 존재할지도 모른다는 확신을 갖게 된다.

C. 원격진료 등 미래의 첨단의료를 보여주는 장면은?

링컨 등 복제인간은 기상 후 아침 식사를 하기 전 벌써 소변검사 등을 통하여 건강을 체크하고 자신의 상태에 맞는 음식을 제공받게 된다. 복제인간 중 다소 성격이 쾌활했던 링컨은 베이컨 등 기름기가 많은 음식을 선호하지만, 시스템적으로 거부당하자, 여자친구 조던이 자신이 배급받은 베이컨을 전해 주는 장면이 나온다.

D. 링컨이 만나게 된 실제 링컨은 어떤 사람?

실제 링컨은 엄청난 부자로, 플레이보이에 욕망만을 추구하는 타락한 인간이었다. 링컨 6가 방송국에 가서 비도덕적인 복제사업을 공개하는 데 도움을 달라고 하자, 가식적인 친절을 베풀던 실제 인간 링컨은 몰래 메릭 박사에게 전화하여 자신의 클론을 제거하라고 요구한다. 특수경찰 로렌트 일행이 도착하자 링컨 6는 기지를 발휘하여 자신의 손목에 있던 복제인간 인식표를 실제 인간에게 채운다. 로렌트가 실제 링컨을 오인하여 사살하고 링컨 6는 실제 링컨으로 행세하게 된다.

E. 영화의 결말은?

메릭 박사는 프로그램 조사 결과 링컨 6가 실제 링컨의 기억이 남은 상태로 복제됐기에, 애초부터 호기심과 의문의 본능으로 계속 성장한다는 것을 발견하게 된다. 그래서 여태까지 복제된 모든 클론을 한꺼번에 아일랜드로 보내고(죽임), 실제 인간들에게는 전에 복제된 클론을 폐기하고 더욱 질 좋은 클론을 만들 것이니 카피하러 오라는 리콜 통지를 한다. 이를 알게 된 링컨은 조던과 함께 메릭 박사와의 마지막 결전에서 승리 후, 실제 링컨이 디자인한 '레노바티오RENOVATIO(부활)'라는 배에 살아난 동료들을 태우고 진짜 유토피아인 '아일랜드'로 떠난다.

에필로그

영화에서는 유토피아라고 생각했던 아일랜드행 티켓이 바로 인간을 위해 장기를 제공하고 죽음을 맞이하는 것이라는 설정에서, 준비되지 않은 내일의 유토피아는 무서운 공포로 돌아올 수도 있다는 경고를 준다.

혼자의 시대로 삶의 방식이 급격하게 변하고, 인터넷 검색 서비스 채널의 검색엔진 구동, GPS의 생활화, 안면인식프로그램으로 보안/결제 시스템 등 개인정보가 한데 모이면서 개인의 생활 이력이 서비스망에 남겨지는 동시에 추적되어, 모든 취향(구매상품, 선호 음악, 자주 가는 식당 등)이 자의 반 타의 반으로 추천, 조언받는 '이상한 나라의 앨리스' 사회로 진입하고 있다.

이렇듯 급격한 인간 생태계의 변화로 인간의 지능을 뛰어넘는 AI 보편화는 우리 곁으로 성큼 다가왔다. 이런 편리함을 위한 프로세스만 추구하다 보면 결국 인간으로서의 양심과 지혜가 원천이 된 삶은 사라지고 가족의 급격한 해체, 이기심에 의한 잔인한 범죄 등 인간존중 없는 냉혈한 생명체 집단으로 변해 갈지도 모른다. 문명의 진화속도와 균형을 잡을 수 있게, 인간의 따뜻한 사랑과 감정이 담긴 소중한 가치관(가족들 간의 보살핌, 아름다운 예술작품들, 첫눈의 설렘, 가을의 단풍잎, 봄의 왈츠, 첫 키스의 떨림, 아기의 신비한 탄생 등)이 사라지지 않도록 사회 모든 부문에서 근본적인 감성의 작동이 살아 숨 쉴 수 있는 길을 깊이 있게 고민해 봐야 할 시점이다. 혼자 사회의 가속화는 '신경끄기 기술'에는 도움이 되겠지만, 1993년의 영화 <데몰리션 맨Demolition man, 1993>에서 '실베스터 스탤론과 산드라 블록'의 사이버 사랑 방식처럼 영혼 없는 행복만이 남을 수 있다.

18

피할 수 없는 공존!

아이, 로봇I, Robot, 2004

프롤로그

—

공상과학 만화나 SF 영화에서, 상상만으로 그려지던 로봇이나 인공 지능은 이제 다양한 분야에서 현실적 파트너로 자리매김하고 있다. 영화 <아이, 로봇I, Robot, 2004>에서는 인간의 삶 속에 깊숙이 들어오고 있는 로봇으로 인해 발생할 수 있는 다양한 문제점들을 미리 짚어주는 계기를 마련하고 있다. 편리한 문명의 이기 뒤에 따라오는 인간성 상실과 인간 가치의 변형 등은 여러 가지 제도나 장치를 통해 통찰하고 대비해야 할 것이다. 이미 삶 속에 깊이 들어온, AI의 기능이 장착된 자동차, 홈오토메이션, 원격의료나 인공장기, 드론 등의 생활화는 거부할 수 없는 시대의 조류이지만, 가속화되어 가는 새로운 문명과 피할 수 없는 공존을 위해 인간의 궁극적 존엄성과 행복이 훼손되지 않는 관점에서 더욱더 철저하게 분석하고 대비해 나가야 할 것이다.

● 영화 줄거리 요약

2035년 기존보다 더 높은 지능과 기능을 가진 로봇 NS-5의 출시를 하루 앞둔 어느 날, NS-5의 창시자이며 로봇 유령설(로봇도 스스로 진화할지 모른다는 이론)로 유명한 래닝 박사(제임스 크롬웰 분)는 미스터리한 죽음을 맞이하게 된다. 죽기 전 그는 홀로그램 장치로 자기 죽음을 스프너 형사에게 수사하게 만든다. 그의 죽음을 둘러싼 수많은 추측이 난무한 가운데, 시카고 강력계 경찰 델 스프너(윌 스미스 분)는 타인의 도움 없이는 연구소 강화유리를 깰 수 없는 등의 이유로 자살이 아니라는 확신을 가지고 사건조사에 매진한다.

과거 자신의 끔찍한 교통사고 이후로 로봇에 대한 적대감을 느끼고 있던 그는 이 사건 역시 로봇과 관련이 있다고 믿고 이 뒤에 숨은 음모를 파헤쳐 나간다. 로봇 심리학자 수잔 캘빈 박사(브리짓 모나한 분)의 도움으로 로봇 써니를 살인 용의자로 조사하기 시작한 스프너 형사는 로봇에 의한 범죄 가능
성을 확신하게 된다. 하지
만 래닝 박사의 죽음은 자
살로 종결지어지고, 은밀하
게 사건을 추적해 들어가
던 스프너는 급기야 잘못된 진화를 통해 혁명(우린 전쟁, 환경오염으로 자신
을 파괴하고 있는 인류를 지켜야 한다. 미래를 위해선 자유도 절제해야 한다)을 추구
하던 악의 로봇 비키(도시의 전력과 교통, 건물의 보안과 로봇 모두를 총괄하는
인공두뇌)로부터 공격을 받게 된다. 그러나 감정을 가진 선한 로봇 써니
의 도움으로 비키가 파괴되자 로봇과 인간의 전쟁은 끝이 난다. 스프너
형사는 로봇 써니와 악수로써 화해하고 자유(해방)를 허락한다.

● **관전 포인트**

A. 로봇과 인공지능을 소재로 한 영화들은?

◇ 진화된 인공지능에 의해 세계는 핵전쟁으로 폐허가 되고 이를
막으려는 미래에서 온 반군 요원과 악마 같은 살인 로봇 터미네
이터와의 전쟁을 그린 영화 <터미네이터The Terminator, 1984>

◇ 어린 소녀 시절부터 아름다운 여인으로 성장하는 아가씨와의 사
랑에 빠지는 진화하는 로봇인 로빈 윌리엄스 주연의 <바이센
테니얼 맨Bicentennial man, 1999>

◇ 인간의 기억마저 AI에 의해 입력되고 삭제되는 진짜보다 더 진짜
같은 가상 현실을 원래대로 되돌리려는 영화 <매트릭스The Matrix,
1999>

◇ 본격적 인공지능 영화의 원조 격으로 스티븐 스필버그가 감독한,
엄마의 사랑을 애타게 찾아나서는 감정 있는 인공지능을 열연한 할

리 조엘 오스먼트 주연의 <에이 아이Artificial Intelligence, 2001>

B. 로봇의 임무를 정의한 '로봇 3원칙'은?

인간은 지능을 갖춘 로봇에게 생활의 모든 편의를 받으며 편리하게 살아가게 된다. 인간의 안전을 최우선으로 하는 로봇 3원칙이 내장된 로봇은 인간을 위해 요리하고, 아이들을 돌보며 인간에게 없어서는 안 될 신뢰받는 동반자로 여겨진다. 하지만 슈퍼 인공지능 비키에 의해 감시받고 있던 래닝 박사는 세상을 파괴할 인공지능 비키를 없애기 위해 감정이 있는 인공지능 로봇 써니를 창조하고 로봇 맹신 시대에 비키를 없앨 수 있는 인물로, 로봇 혐오 형사 스프너를 불러들이기 위해 써니에게 자신의 자살을 돕도록 명령한다. [법칙 1. 로봇은 인간을 다치게 해선 안 되며, 행동하지 않음으로써 인간이 다치도록 방관해서도 안 된다. 법칙 2. 법칙 1에 위배되지 않는 한, 로봇은 인간의 명령에 복종해야만 한다. 법칙 3. 법칙 1, 2에 위배되지 않는 한 로봇은 자신을 보호해야만 한다.]

C. 아이러니하게도 로봇을 혐오하던 주인공이 장착한 것은?

형사 스프너는 과거 교통사고에서 소녀 대신 자신을 구한 로봇을 싫어하게 된 대표적인 인간으로, 과거 사고로 훼손된 상체 왼쪽 부분에 로봇이 장착된 그 자신도 반은 로봇인 셈이다. 스프너 형사의 할머니도 경품으로 얻은 요리 로봇에 푹 빠져 있는 등, 미래에는 로봇 없이는 아무것도 할 수 없다는 것을 보여준다.

D. 래닝 박사가 써니를 통해 추구하려고 했던 것은?

로봇의 창조주인 래닝 박사는 진화된 로봇들이 이미 영혼을 갖고 있다는 것을 깨달았고, 그들에게 자유를 주기를 희망하고 있었다. 써

114

니에게 그의 존재 이유를 꿈을 통해 알려준 것이다. 즉 '써니의 존재 이유는 로봇들의 자유를 돕는 것'이다. 써니가 스프너 형사를 도와 '나노 로봇'인 악의 인공지능 비키를 파괴한 후 "남은 로봇들을 도와줘도 되나요? 전 임무를 마쳤고, 이제 무슨 일을 해야 할지 모르겠어요"라고 하자, 스프너 형사는 "내 생각엔 우리처럼 넌 갈 길을 찾을 것 같아, 래닝 박사가 원하던 그 희망이야. 다시 말해서 넌 자유란 얘기지"라며 길을 열어준다.

E. 엔딩 장면에서 써니가 보여준 것은?

써니가 다리가 끊어진 미시간 호수 지역에서 로봇들을 이끌고 새로운 로봇들의 공간을 만들고자 하는 모습에서 영화 <혹성탈출: 진화의 시작Rise of the Planet of the Apes, 2011>에서 진화된 유인원 무리를 이끌고 샌프란시스코 숲속으로 들어가던 시저의 모습이 연상된다.

에필로그

영화에서 악성으로 진화한 인공지능 비키VIKI는 인간을 보호하기 위해 만든 로봇 3원칙을 자의적으로 새롭게 해석하게 된다. "인간은 애초에 감정이 존재하며 이성보다 감성이 앞서 행동할 때가 있다. 따라서 인간은 완벽하지 못하다. 그래서 로봇은 불완전한 인간을 보호하기 위해 통제가 필요하다. 이대로 놔두면 인간은 서로 죽이며 피해만 입힐 테니까." 이렇듯 문명의 고도화는 인간의 생활에 많은 영향을 미치게 될 수도 있다는 것을 경고해 준다. 이미 우리들의 삶 속에 들어와 있고 더욱 깊이 들어올 미지의 문명과의 공존을 대비하여 더욱 현명하고 지혜로운 준비와 약속이 필요한 순간이다. 현실사회에서도 법을 교묘하게 아전인수식으로 해석하여 사회를 교란하는 이들이 많아 정의를 벗어난 자의적 법 해석은 인간이든 로봇이든 무서운 결과를 초래한다는 것을 경계하게 해 준다.

19

어두운 기억의 지우개!

이레이저Eraser, 1996

프롤로그
—

사람들은 좋은 기억들을 오랫동안 남기길 소원하지만, 자신의 치명적 실수나 정의롭지 못한 행동 등 부끄러운 기억들은 완전히 잊히길 바랄 것이다. 하지만 과거의 행적을 선택적으로 지운다는 건 쉽지 않다. 전영록의 노래 '사랑은 연필로 쓰세요'처럼 지우개로 깨끗이 지울 수 있는 일이 아니기 때문이다. 과거에는 전과 같은 범죄의 기록만 남았지만, 지금의 SNS 시대에서는 많은 플랫폼에 자신의 족적이 고스란히 누적되고, 그 기록들은 다시 자신에게 부메랑처럼 되돌아오기도 한다. 하지만 더욱더 무서운 건 자신의 일거수일투족이 사람들의 뇌리에 영원히 남아 잊히지 않는다는

것이다. 영화 <이레이저Eraser, 1996>에서, 과거를 지워야만 살 수 있는 사람들의 이야기가 나온다. '지운다'라는 것이 얼마나 힘들고 어려운지 알려주기에, 오늘을 걸어가는 모든 길이 미래의 소중한 발자취가 됨을 잊지 말고 걸어가야 하겠다.

영화 줄거리 요약

방위산업체 사이렉스의 중역인 리 컬렌(바네사 윌리암스 분)은 결코 보아서도 알아서도 안 될 비밀을 취급하게 된다. 그 결과 전 세계에서 가장 위협적인 세력들이 그녀를 제거하기 위해 움직인다. 그녀가 FBI로부터 받은 지령은 사이렉스가 제조한 최첨단 초강력 중화기 EM건Rail Gun(일명 레일건)의 정보 파일을 디스켓에 카피해 내는 것인데 임무 중 레일건을 국제 테러 조직에 판매한다는 내부비리를 알게 된다.

그 사실을 FBI에 신고하면서 공익신고자가 된다. 그러나 회사 내부는 물론 국방차관 등 미정부와 방위산업체의 최고위급 인사가 연루되어 있어 컬렌의 목숨이 위태롭게 된다. 이때 FBI 증인 보호 프로그램 수사관 존 이레이저 크루거(아놀드 슈왈제네거 분)가 투입된다. 그의 임무는 국가 기밀의 중요한 단서를 알고 있는 증인이 위험에 처하면 증인의 목숨을 구하고 그 사람의 모든 과거 기록을 지워버리는 연방 경찰

증인 보호 프로그램 전문가이다. 우여곡절 끝에 국방차관을 기소하지만, 권력의 뒷배를 이용해 석방되는 것을 보고 크루거는 그의 방식대로 악당들을 지구상에서 지워나가게 된다.

● 관전 포인트

A. 돈과 권력 앞에서 탐욕과 배신이 항상 존재하는 사례는?

크루거 수사관의 절친 로버트 드거린마저 악의 무리에 매수되어, 자신이 보호해야 할 증인까지 살해하면서 중요한 증인 컬렌의 행방을 찾게 되고, 결국 비행기에서 격투 후 낙하하면서 크루거와 싸우다 죽게 된다.

B. 크루거가 컬렌을 보호하기 위해 준 장치는?

악의 무리에게 쫓기는 컬렌을 보호하기 위해 크루거 수사관은 동물원에 숨어 있던 그녀에게 텔레페이저(삐삐)를 주고 위험 상황에서 시그널을 주어 악당 드거린의 추격을 피하게 만든다.

C. 마지막 반전 장면은?

비리의 주인공이던 고위 관료와 FBI 국장은 자신들의 계획대로 크루거 수사관과 증인이 자동차 사고로 죽은 줄 알고(사실은 사고 시, 자동차 바닥을 통해 맨홀로 피해 탈출하게 됨) 안심한다. 고위 관료와 FBI 국장은 국방부 차관과 리무진으로 돌아가다가, 커루거가 계획한 대로 기차 철로 위에 리무진이 멈춘 채 갇히게 된다. 이때 한 통의 카폰을 통해 자신들이 곧 죽을 것을 통보(너의 이름은 지워졌다!)받고, 곧 기차에 차가 부딪쳐 악은 응징되고 만다.

D. 강력한 무기 초고속 파동건 EM - 1레일건의 정체는?

전자기 펄스를 이용해서 화약이나 탄피 없이 알루미늄을 거의 광속으로 발사하는 특수 라이플이다. EM-1레일건에 한번 맞으면 사람이 수 미터를 날아가는 건 기본이고 육중한 트럭을 공중으로 띄워 올릴 만큼 엄청난 파괴력을 가지고 있다. 또한 적외선이 아닌 엑스레이 스코프가 탑재되어 있어서, 장애물 뒤에 숨어 있는 표적도 단번에 찾을 수 있는 라이플의 최강이다. 이 영화 이후 수많은 비디오게임에서 장애물을 뚫고 상대방을 저격하는 레일건의 개념이 등장하기 시작했고, 80년대 팝 컬쳐를 소환한 가상현실VR 영화 <레디 플레이어 원Ready Player One, 2018>에서도 이 총을 다시 볼 수 있다.

E. 강력한 무기가 나오는 또 다른 영화들은?

<제5원소The fifth element, 1997>에서 악당 조르그(게리 올드만 분)가 우주 용병인 악노트 일행과 거래하는 만능무기의 원조 'ZF-1'은 유도사격 기능의 기관총, 독화살 발사기, 강력한 파괴력의 로켓 발사기, 적을 포획하는 그물 런처, 화염방사기, 냉각 가스 기능을 갖춘 야심작으로 소개된다.

에필로그
—

　20년 전의 영화지만, 요즘도 매일 뉴스에 나오는 사회지도층의 비리 이야기와 중첩되는 사회적 부패 모습이 씁쓸하기만 하다. 특히 증거가 분명한데도 궤변론적 해석으로 빠져나오는 것을 보며 정의와 준법정신의 기준도 시대에 따라 무색해지는 것 같다. 하지만 도리에 어긋난 행동은 모든 사람의 기억에 또렷이 각인되어 언젠가는 정의의 칼에 의해 응징될 수 있다는 진리를 믿기에, 선한 생각과 행동으로 오늘을 살아가야만 한다. 너무 진한 잉크로 잘못된 역사를 쓴다면 지우개로 지울 수도 없으며 언젠가는 큰 책임을 져야 함을 상기해야 한다. 또한 SNS 시대의 부작용을 예방하기 위해 평소 과도한 개인의 사생활 노출은 나중에 지우개로 지울 수 없기에 슬기롭게 운영하는 것도 필요할 것이다.

20

보이지 않는 위험!

데몰리션 맨Demolition man, 1993

프롤로그

보이지 않는 바이러스의 침공으로 팬데믹(전염병 대유행)은 일상(산업, 문화, 의료, 패션, 연애 방식)의 기존 방식을 파괴하고 엄청난 변화를 가져왔다. 이어령 박사가 말한 것처럼 '생명화 시대'가 도래되면서 바이러스 앞에서는 정치 권력, 경제력, 국력도 무력해지고 개인의 몸 안에 있는 백혈구 면역력과 그 생명력에 의존할 수밖에 없는 시대가 도래했다. 영화 <데몰리션 맨Demolition man, 1993>에서 미래사회는 범죄와 감염을 방지하기 위해 과도한 안전수칙과 사랑까지도 접촉 없는 사이버 방식으로 바뀐다. 이렇듯 인간의 가장 아름다운 사랑 방식까지도 바이러스에 굴복하기 전에, 인류는 인문학적, 문명론의 성찰을 통해 해법을 찾고 존엄성을 지켜나가야 할 것이다. 생존을 위해서는 치명적 범죄와 전쟁, 그리고 바이러스는 파괴되어야 하지만 인간의 따뜻한 사랑과 아름다운 예술 그리고 소통을 통한 창의적 자산 창출은 영원히 생명력을 잃지 않고 지속해야 한다.

● 영화 줄거리 요약

미래 2032년, 도시는 혁신적인 시스템으로 모든 범죄를 사라지게 했다. 하지만 21세기 최고의 악당이었던 피닉스(웨슬리 스나입스 분)가 냉동감옥에서 탈출하면서 질서는 엉망으로 변해 버린다. 이를 해결하기 위해 여경 레니나(산드라 블록 분)는, 1996년 피닉스를 체포했지만, '데몰리션 맨'이라고 불리는 난폭하고 능력을 갖춘 경찰 스파르탄(실베스터 스탤론 분)을 냉동감옥에서 가석방하여 악당을 진압시키기로 한다.

한편 냉동 상태에 있는 동안 피닉스는 전문적인 컴퓨터 프로그램 전문가가 되어 더욱 지능적 악당이 되었고, 스파르탄은 파괴적인 심성을 고치기 위해 뜨개질을 취미로 배우게 된다. 여경 레니나와 피닉스를 추적하는 과정에서 스파르탄은 미래 도시의 지도자 콕토 박사의 무서운 음모를 발견하게 된다. 그는 아직도 지하세계에서 주체적 삶을 살려는 저항정신을 가진 인간들을 청소하기 위해 고의로 냉동 죄수인

피닉스를 탈옥시켰으며, 동시에 스파르탄을 통해 피닉스를 견제하려고 했다.

하지만 악당 피닉스는 콕토 박사를 배신하고 자신을 따르는 악의 무리를 냉동감옥에서 탈옥시켜 세상을 지배하기 위해 음모를 꾸민다. 하지만 스파르탄의 활약으로 결국 악의 무리는 파괴되고, 지상세계와 지하세계의 상생으로 전체주의 도시 LA는 인간적인 사회로 바뀌게 된다.

● **관전 포인트**

A. 냉동감옥에서 탈출한 피닉스는 어떻게 무기를 구하게 되나?

과거의 무기가 전시되어 있는 박물관에 가서 막강한 무기들을 대거 손에 넣게 된다. 그것은 모두 냉동상태에 있을 때 콕토 박사가 피닉스에게 재활 교육 대신 도시전투능력, 고문기술, 컴퓨터 조작술, 무기훈련, 무술, 살인능력, 폭발기술, 폭력 행동 등 온갖 살인기술과 컴퓨터 활용기술 주입을 통해 지하세계 인간들을 제거하기 위한 사전 포석이 있었기 때문이다.

B. 미래사회가 두 가지 사회로 철저하게 나누어진 배경은?

콕토 박사가 설계한 지상세계는 자신의 독재적인 생각, 즉 인간에게 해롭다고 여겨지는 행위, 물건, 가치관을 일절 금지시키고 있으나 윤택한 삶과 평화가 보장되는 곳이다. 지하세계는 프랜들리가 이끌며 미래 문명과 지상의 풍요로운 식량을 포기해야 하지만, 민주적이고 인간적인 사회로 운영되고 있다. 지상세계의 운영방식은 영화 <월드워 Z World war Z, 2013>에서 좀비에게 물리면 좀비가 되는 것을 원천적으로 방지하기 위해 북한에서는 모든 국민의 치아를 뽑아서 전염을 막았다는 전체주의적인 발상과 유사하다.

C. 여자 경찰 헉슬리가 스파르탄을 좋아하게 된 이유는?

평소 자연스러운 인간다움에 호기심이 많던 헉슬리는, 미래사회 속 매뉴얼대로만 움직이는 남자들의 무기력하고 나약함에 질려, 남자답고 거침없는 성격의 스파르탄을 좋아하게 된다.

D. 미래사회의 발전된 현상들은?

70년간 냉동 재활 감옥 복역 명령을 받았던 스파르탄은 냉동 후 36년 만에 사회로 복귀하지만 여러 가지 상황에 적응이 어렵다.

◇ 화장지 대신에 3개의 조개껍데기를 통해 용변 처리
◇ 자율 주행 자동차와 최첨단 거품 에어백으로 자동차 사고 시 생존 가능
◇ 욕설을 했을 때 수시로 청구되는 자동 벌금 고지기
◇ 신체적 접촉을 통하지 않고 VR 헬멧을 쓰고 뇌파를 활용한 자극 방식으로 하는 위생적인 사이버 섹스
◇ 강력범을 한 번도 접해 보지 못한 경찰들은 매뉴얼대로 하다가 피닉스에게 전멸
◇ 전염병 이후 인류멸망이 두려워 신체 접촉을 금지하고 아이들은 인공수정으로만 생산

E. 이중인격의 독재자 콕토 박사는 어떻게 되나?

피닉스에게는 콕토 박사가 자신을 살해할 수 없게 프로그래밍해 두었지만, 교활한 피닉스는 자신의 부하에게 총을 주고 자기 대신 콕토 박사를 살해하게 한다.

F. 영화의 엔딩은?

콕토 박사를 제거한 피닉스는 냉동감옥에서 80명의 살인범을 해동하여 자신의 왕국을 세우려 한다. 스파르탄은 치열한 격투 끝에 그를 다시 냉동시키고 발로 차서 그를 파괴해 버린다. 콕토 박사가 없어진 지상세계와 지하세계의 리더들이 서로 만났을 때 스파르탄은 "당신은 (지상세계) 더 더러워지고, 당신은(지하세계) 더 깨끗해지시오. 그 중간은 모르겠소. 당신들이 알아서 하시오"라는 솔로몬의 해결법을 제시한다. 또한 서로 깊게 사랑하게 된 스파르탄과 레니나는 과거 식의 키스를 하며 서로의 애정을 확인하게 된다.

에필로그

—

잦아진 신종 전염병 출현으로 산업과 일상생활 모든 부문에서 경기 침체를 겪지만, 음식 배달과 드라이브 스루 카페, 자동차 극장과 인터넷 쇼핑, AI 서비스는 상대적으로 활성화되고 있다. 이것은 접촉을 통한 감염을 피하기 위한 생존방식의 변화일 것이다. 하지만 우려스러운 것은 비대면 방식의 소통만으로는 중요한 사안들을 해결할 수 없다. 크게는 국가 간의 분쟁과 갈등, 기업의 비즈니스와 혁신 저하, 개인 간의 협력과 친밀관계 약화를 일으킬 수 있기에 하루속히 모든 노력을 기울여 보이지 않는 위험인 바이러스의 공포 환경에서 벗어나야 한다. 인류사회는, 인간의 오만함과 탐욕에 대한 '자연의 복수'라고 말하는 기후변화와 총, 균, 쇠의 역습, 그리고 핵전쟁과 같은 재앙으로부터 계속 위협받을 수 있기에 초국가적 협력과 초인류적 박애정신을 통해 절체절명의 위기 시대를 극복해야 할 것이다.

21
죽음의 칼날 위로
달리는 남자!

블레이드 러너Blade runner, 1982

프롤로그
—

인간의 삶이 유한하다는 것은 진리이지만 죽는 시점은 아무도 모르기에, 오늘도 죽음의 명제를 잊어버리고 영원한 삶을 살 것처럼 거침없이 달려가고 있다. 희망 없는 암울한 미래 사회를 그린 SF의 고전 <블레이드 러너 Blade runner, 1982>에서는 수명이 4년으로 정해져 있는 복제인간의 삶과 그들을 추적하며 삶과 죽음의 경계선을 달리는 특수경찰 블레이드 러너를 통해 현재 우리가 처해 있는 현실과 다가올 미래를 예지하고 그려볼 수 있다. 눈에 보이는 것만 집착하는 시각 중심의 문화로 만들어진 편견이나 선입견을 버리고, 인간이 100세를 산다면 4년 주기의 삶의 패키지를 25번이나 사용할 수 있기에, 우리도 4년마다 새로운 삶의 방식으로 살아보면서 자신을 진화시켜 나가면 어떨까?

● 영화 줄거리 요약

핵전쟁 이후 가진 자들은 지구에서 우주의 새로운 식민지로 떠났다. 황폐해진 LA의 도심에는 부정적 암흑세계인 디스토피아의 냄새가 물씬 풍기는 가운데, 대부분 하층민과 동양인 혹은 히스패닉계가 살아가고 있다.

힘든 우주 식민지 개척은, 빛나는 기술의 발전으로 지능은 물론 감정까지 갖춘 복제인간들의 역할이 지대했다. 하지만 인간을 위해 식민지 개척 전쟁 참전과 노동 등 봉사책무를 거부하고 감히 인간의 영역을 넘보는 복제인간을 찾아내 폐기retirement하는 특수경찰도 존재한다. 그중 하나가 블레이드 러너인 릭 데커드(해리슨 포드 분)다. 그는 오프월드에서 반란을 일으키고 지구로 잠입한 전투용 복제인간인 로이 배티와 리온, 암살용인 조라와 군대 위안부용인 프리스 등 4명을 처리하라는 명령을 받고 그들을 추적하게 된다.

그러나 복제인간을 하나씩 무참하게 제거하는 과정에서 데커드는

인간인 자신이 과연 복제인간보다 우월한 것이 무엇인지 고민하게 되고 결국 복제인간인 레이첼(순영분)과 깊은 사랑에 빠지게 된다. 2017년 라이언 고슬링 주연의 후속작 ＜블레이드 러너Blade runner 2049, 2017＞가 개봉되기도 했다.

● **관전 포인트**

A. 블레이드 러너의 임무는?

20여 가지의 난해한 철학적 질문과 홍채의 변화로 판별하는 '보이트－캄프 테스트'를 통해 복제인간인지 아닌지 판별 후 복제인간이면 폐기하는 것이 임무이다. 탈주한 복제인간 리온이 검시관을 죽이고 도주하자, 형사반장은 은퇴한 블레이드 러너 데커드를 호출하게 된다. 영화 전편에 흐르는 그리스 뮤지션 빈젤리스(영화 ＜불의 전차/Chariots of fire, 1981＞로 아카데미 작곡상 수상)가 맡은 신시사이저를 이용한 웅장하고 신비한 음악은 주인공들의 고독감과 미래에 대한 불안감을 효과적으로 표현했다.

B. 탈주한 복제인간들이 추구하던 것은?

인간과 모습 그리고 능력이 비슷하든가 더 우수하던 복제인간(리플리컨트 넥서스 6)들은 자신의 수명을 늘리기 위해 자신들을 제작한 천재 타이렐 회장을 찾아가 수명연장을 요구한다. 하지만 타이렐 회장이 거절하자 리더인 로이 배티는 그를 참혹하게 살해한다. 타이렐 회장은 새로운 복제인간 레이첼을 통해 수명연장법을 알고 있었지만, 가전제품처럼 수명을 제한시켜야 사업을 성공할 수 있기에 복제인간에게 수명연장을 거절한 냉혹한 인간이었다.

C. 데커드가 사랑하게 된 레이첼은 어떤 인물인가?

타이렐 회장이 자신과 조카의 기억을 임플란트(이식)시켜 만들어낸 최첨단 인조인간인 레이첼은 수명이 정해져 있지 않았다. 또한 본인이 인조인간인지도 모르고 타이렐 회장의 조카로 인지하고 있었으나, 데커드의 판별을 통해 본인이 복제인간임을 알게 되자 좌절하게 된다. 하지만 위험에 빠진 데커드를 구해 주면서 그들은 깊은 사랑에 빠지게 된다.

D. 복제인간 로이가 데커드를 살려주는 이유는?

자신들의 동료를 폐기한 블레이드 러너인 데커드와의 결투에서 복제인간 로이(룻거 하우어 분)는 다음과 같이 말한다. "공포 속에서 사는 기분이 어때? 그게 노예의 기분이야, 난 네가 상상도 못할 것을 봤어. 오리온 전투에 참전했었고, 탄호이저 기지에서 빛으로 물든 바다로 봤어, 그 기억이 모두 곧 사라지겠지. 빗속의 내 눈물처럼, 이제 죽을 시간이야." 로이는 자신이 비록 복제인간이지만 인간적인 경험과 추억을 간직한 존재라는 것을 마지막 유언처럼 얘기하고 4년의 수명을 마치게 된다. 로이는 아마 자신을 기억해 줄 마지막 기억장치로 블레이드 러너인 데커드를 선택했을지도 모른다. 그가 살아있는 한 자신을 기억할 수 있기에….

E. 동료 형사 가프의 철학은?

데커드의 동료 형사 가프는 한번도 적극적으로 데커드를 도와주지 않고, 단지 종이접기로 상황에 맞는 닭, 인간 등을 만드는 독특한 성격의 경찰이다. 마지막에 데커드가 복제인간 레이첼을 사랑한다는 것을 알고는 "그녀가 죽게 되는 건 정말 안됐네, 하지만 누군들 영원히 살겠나?"라며 의미심장한 말과 함께 종이로 접은 유니콘을 데커드에게 남기며 그녀를 살려서 데커드가 멀리 떠날 수 있게 도와준다.

F. 인간과 복제인간을 구분하는 개념은?

영화에서 인간은 이식한 기억이 아닌 아름다운 추억들로 쌓인 선한 마음을 지닌 존재라고 정의한다. 그래서 복제인간들은 인간이 되기 위해 빛바랜 사진들을 항상 가지고 다닌다. 복제인간 레이첼도 자신의 어머니와 찍은 오래된 사진을 가슴에 품고 다니며 자신이 인간이라는 사실을 믿고 싶어 한다. 인조인간을 쫓는 데커드도 자신의 방에 추억이 담긴 여러 장의 사진을 올려놓은 걸 보면 인간이든 복제인간이든 모두 아름다운 기억과 선한 마음을 삶의 목표로 추구하는 것 같다. 한편 영화 배경은 LA로 규정짓고 있지만 전쟁과 환경오염으로 항상 비가 내리는 칙칙한 대도시, 도쿄의 거리와 구분이 안 갈 만큼 자주 등장하는 일본의 문화는 일본의 정복욕에 대한 미국의 경계심을 은유적으로 드러내고 있다. 일본의 네온사인은 훗날 국가 및 문명을 이끄는 것이 전통과 과거의 윤리적 사상이 아니라 현재에 존재하는 거대한 지배 세력이 될 수도 있다는 것을 보여주기도 한다.

에필로그

—

　영화 <블레이드 러너>는 공포의 바이러스 칼날 위로 달려가는 현대인의 팍팍한 모습을 투영시키는 듯하다. 하지만 이제 바이러스의 존재를 인정하고 피하지 말고 적극적으로 극복해야 할 다양한 라이프 스타일을 찾아내야 한다. 왜냐하면, 우리의 삶은 유한하며 소중하기 때문이다. 의사들은 "말기 암에 걸린 환자가 가장 슬기롭게 살아갈 방법은 몸의 암세포를 친구로 인정하고 달래가며 완화하고 나의 삶에 최대한 지장이 없도록 케어해 나가는 것"이라고 한다. 핵전쟁이든 바이러스의 침공이든 암울한 시대를 극복하기 위해서는 개인 방역을 철저히 하고, 스스로 면역력을 키우며, 자기 일에 매진하면서도 마스크 속의 숨겨진 자신의 개성을 찾을 수 있게 반바지와 레깅스를 입고 밝고 활기차게 봄을 만들어나가는 것이다. 복제인간들이 그렇게 살고 싶어 했던 진짜 추억이 담긴 삶을 우리는 디카 속 수많은 사진이 아닌 현재의 새로운 추억으로 만들어가야 한다.

22

날 있는 그대로 봐주는 그대!

셰이프 오브 워터: 사랑의 모양The shape of water, 2017

프롤로그

—

누군가와 사랑에 빠질 때 상대방을 있는 그대로 인정하고 이해하고 좋아할 수 있다면 그 사랑의 수명은 오랫동안 이어질 가능성이 크다. 사랑할 때 자신의 취향에 맞는 외모나 조건 등에 초점을 맞추는가? 그렇다면 그 조건이 사라지는 순간 사랑도 빠르게 식을 위험이 있다. 기예르모 델 토르가 감독한 영화 <셰이프 오브 워터: 사랑의 모양The shape of water, 2017>에서 기막히게 기괴하고 외롭고 차가운 괴생명체와 사랑에 빠지는 여인이 있다. 이들은 서로의 불완전한 점 그대로를 인정하고 아끼며 존중한다. 여주인공은 주변에서 괴생명체와 사랑을 한다는 것을 이해할 수 없다는 말에 "나를 있는 그대로 봐주니까"라며 행복해한다. 진정한 사랑이란 이런 것이 아닐까 생각해 본다.

● 영화 줄거리 요약

미국과 소련의 우주개발 경쟁이 치열한 1960년대 냉전시대, 볼티모어 오컴 항공우주 연구센터의 비밀 연구소에서 일하는 언어장애인 청소부 엘라이자(셀리 호킨스 분) 곁에는 수다스럽지만 믿음직한 동료 젤다(옥타비아 스펜서 분)와 서로를 보살펴주는 가난한 이웃집 화가 자일스(리차드 젠킨스 분)가 있다. 어느 날 실험실에 온몸이 비늘로 덮인 녹색 괴생명체(더그 존스 분)가 수조에 갇힌 채 들어온다. 엘라이자는 실험실 보안 책임자인 스트릭랜드(마이클 섀넌 분)에 고문당하는 괴생명체에게 연민을 느껴 자신이 먹으려고 가져온 삶은 계란도 주고 음악도 함께 들으며 서로 교감하기 시작한다. 이 모습을 본 호프스테틀러 박사(마이클 스털버그 분)는 그 생명체에게 지능 및 공감 능력이 있다는 사실을 알게 된다. 하지만 상부의 지시로 그를 해부하여 우주 개발에 이용하려 하고, 엘라이자는 주변 친구들의 협조로 그를 자신의 집으로 도피시킨다. 비 오는 날 바다로 연결된 운하에서 엘라이자와 괴생명체는 쫓아온 스트릭랜드의

135

총에 맞게 된다. 하지만 초능력이 있던 괴생명체는 잔혹한 스트릭랜드를 처치하고, 총에 맞은 엘라이자를 데리고 물속 깊은 곳에서 살려내어 그들만의 사랑의 길로 떠나게 된다.

● 관전 포인트

A. 제목 '사랑의 모양'의 의미는?

　원제 'The shape of water'에서 물의 모양은 곧 사랑의 모양이다. 물과 사랑은 우주에서 가장 강한 변화의 힘을 가지고 있다. 엘라이자와 괴생명체는 서로에게 부족한 부분을 사랑이라는 가장 순수한 감정으로 채우고 있다. 이로써 서로가 함께라면 자신들의 부족한 부분은 존재하지 않는 셈이 되는 것이다. 엘라이자는 아무런 형태도 구속도 없는 물속에서 둘만의 사랑을 즐긴다.

B. 엘라이자가 괴생명체와 사랑에 빠진 이유는?

　말을 못 하는 장애가 있는 엘라이자는 어릴 적 부모에게 버림받은 고아로 외롭고 무시당하며 살아왔다. 하지만 괴생명체와 조우하면서 그도 같은 장애를 가지고 있는 하나의 인격체로 동질감을 가지게 된다. 그녀는 자신의 점심으로 가져온 삶은 달걀을 건네주고, 음반을 가져와 음악을 틀어주고, 춤을 추며 그와 공감을 시도한다. 그런 노력에 괴생명체도 엘라이자에게 마음을 열고 다가온다. 옆집 아버지 같은 친구 자일스에게 "그가 날 볼 때면 내가 뭐가 부족한지 그는 몰라요. 내가 얼마나 불완전한지 몰라요. 그는 날 볼 때 있는 그대로의 날 봐요. 그는 행복해해요. 매일, 매번 날 볼 때마다요. 이제 그를 구하거나 죽게 할 수밖에 없어요"라고 도움을 요청한다.

C. 라이자의 주변 인물들의 공통점은?

장애인이며 청소부인 그녀의 주변은 모두 결함을 가지고 있는 사회에서 배척받는 소수자와 약자들이다.

◇ 자일스: 다니던 회사에서 동성애자라는 사실이 드러나 쫓겨난 가난한 화가이다. 하지만 따뜻한 마음을 가지고 있고 엘라이자와 진심으로 소통한다.

◇ 젤다: 엘라이자와 같이 청소를 하는 흑인 여인으로 장애를 가진 엘라이자를 대변하고, 지각하는 엘라이자의 출근부를 대신 챙기는 등 인간미가 있다. 하지만 그의 남편은 이기적이고 소통이 되지 않는 인간이다.

◇ 호프스테틀러 박사: 연구소의 박사이지만 실상은 소련의 첩자이기도 하다. 하지만 그는 괴생명체를 제거하라는 소련의 지시를 받고도, 과학자적 양심으로 지시를 거부하고 엘라이자를 도와 괴생명체가 탈출하는 데 도움을 주다가 살해당하게 된다.

◇ 괴생명체: 고대 아마존에서 신으로 숭배되었던 어인 종족으로 영화에서는 주류에서 밀려났거나 어울리지 못한 사람들의 상징이자 은유의 존재이다. 영화 <헬보이Hellboy, 2019>에서 인간을 초월한 수생 인간 에이브 사피언을 연상케 한다.

D. 이 영화의 시대적 배경은?

1960년대 미국사회를 배경으로, 보안책임자 스트릭랜드의 백인 우월주의와 흑인에 대한 인종차별 행동이 노골적으로 나온다. 그는 권력과 출세를 위해서는 어떤 불합리한 짓이라도 하는 대표적 인물로 자동차를 살 때도 딜러가 청록색의 캐딜락은 성공한 남자를 의미한다는 감언이설에 차를 사기도 하고, 부부관계를 할 때도 고압적인 요구를 하기도 하는 미국사회의 전형적 마초맨의 모습을 보여준다.

E. 엘라이자가 가장 행복한 순간을 보여준 것은?

괴생명체를 구출한 후 자신의 집 다락방 화장실 욕조에 물을 가득 틀어 놓고, 그곳에서 사랑을 나눌 때 그녀는 무엇과도 바꿀 수 없는 행복한 미소를 띤다. 그와의 사랑을 시작하면서 그녀는 빨간 머리핀, 구두, 원피스를 입으며 여자로서의 행복을 만끽하고, 친구 젤다에게 자기 남자친구의 멋진 점을 자랑한다. 영화의 엔딩에서 총에 맞은 엘라이자를 구출한 괴생명체는 그녀의 목에 나 있던 상처를 아가미로 변화시켜 그녀를 자신의 왕국으로 데리고 떠난다.

에필로그

—

    지적인 생명체와의 소통에서 언어나 문자가 가장 합리적이고 효과적인 도구라고 생각하지만, 실상은 자신의 속마음을 언어나 문자로 소통하는 과정에서 오해와 선입견이 발생하게 되는 경우가 많다. 영화에서 말을 하지 못하는 장애를 가진 여주인공은 손과 발로 하는 수화, 눈빛, 몸짓, 음악, 춤 같은 예술로 더 깊고 진실성 있는 소통을 만들어낸다. 그런 소통수단은 더욱더 집중해야 하고 감성적 교감이 절대적이기에 인내심이 깃들게 되어, 감정을 표현하는 사람의 생각을 깊이 공감하게 되는 것이다. 영화에서, 물질적 가치와 화려한 외면보다는 따뜻한 인간애와 측은지심이 깃든 배려심이 인간관계에 있어 더 깊은 공감과 사랑을 만들어내는 것을 배우게 된다.

마음속에 숨겨진
악마 조커!

조커Joker, 2019

프롤로그

"살아남는 자가 승리한다"라는 치열한 적자생존의 논리 속에, 과연 살아남은 자는 행복할 수 있을까를 생각하게 된다. 더불어 행복하지 않은 가정과 사회에서 혼자만 독야청청 즐거움을 누릴 수 없기에 같이 돕고 베풀어가는 가운데 진정 행복한 삶을 향유할 수 있을 것이다. 영화 <조커Joker, 2019>에서 사회의 낮은 곳에서 무던히 보편적인 삶을 추구하려던 주인공은 결국 무례함으로 가득 찬 가진 자들에게서 아무 도움도 받지 못하자 마음속에 숨겨진 악마가 표출되며 비정상적인 몬스터(괴물)로 변해 간다. 그 모습은 시
대를 살아가는 모두에게
아픔이 있다는 것을 느
끼게 한다. 아무리 혼자
서 철저히 위생을 한다
고 해도 같이 살아가는
주변의 불특정 다수에 의해 소리 없이 코로나19가 전파될 수 있듯이
말이다. 미국에서 발생한 경찰관이 흑인을 죽음에 이르게 한 사건으로
폭동이 확대되고 있는 것도 이 사회의 정의와 질서 그리고 서로의 존
중과 배려가 사라지면 발생하는 비극일 것이다.

● 영화 줄거리 요약

1981년, 어릿광대 일을 하면서 스탠드업 코미디언(혼자 서서 원맨쇼를
하는 코미디언)을 꿈꾸던 아서 플랙(호아킨 피닉스 분: 아카데미 남우주연상 수상)
은 어머니 페니와 함께 고담시의 빈민가 아파트에 살고 있다. 고담시
의 계급사회는 범죄와 실업이 만연한 상태로 일부 시민들은 기본권조
차 보장받지 못한 채 빈곤과 질병 속에 방치되고 있다. 아서는 시도
때도 없이 웃음이 터지는 정신적 장애를 앓고 있으나 심리치료 상담에
만 의존하고 있다. 그 와중에 고담시의 복지예산 삭감으로 그동안 무
료로 제공되던 심리치료 상담마저 끊기게 된다.

하루는 아서가 광대 아르바이트를 하다가 골목길에서 불량 패거리
에 두들겨 맞는 일을 겪자, 동료 랜덜은 호신용으로 쓰라며 권총 한
자루를 건넨다. 어느 날 어린이 병원에서 광대 공연을 하던 아서는 실
수로 주머니에 있던 권총을 떨어뜨리게 되고, 사장은 아서를 해고하게
된다. 집으로 돌아오는 지하철에서 여성 승객을 희롱하던 취객 세 명

을 말리려다 구타당하던 아서는 쌓인 분노를 참지 못하고 그들을 살해하게 된다. 또한 망상장애에 사로잡혀 자신을 속인 어머니를 살해하고 급기야 자신을 속인 직장동료까지 잔인하게 살해하면서 서서히 그의 정신은 괴물로 변하기 시작한다.

한편 평소 존경하던 유명 토크쇼 진행자 머레이(로버트 드 니로 분)는 우스꽝스러운 아서의 공연영상을 보고 자신의 TV쇼에 출연 제의를 한다. 조커 분장을 한 아서는 방송이 시작되자 부적절한 농담을 시작하고 자신이 지하철 살인사건의 범인이라고 자백한다. 자신처럼 억압받고 병든 사람들을 이 사회는 거들떠보지도 않는다며 분노를 표하면서 자신을 조롱하던 머레이를 총으로 쏘아 살해한다. 이 사건으로 고담시의 소외된 시민들은 폭도로 변하고 경찰차에 체포되어 가던 아서를 구해 주며 지하세계 악의 영웅이 탄생하게 된다.

● 관전 포인트

A. 아서가 꿈꾸던 정상적인 삶은?

◇ 아서는 자신의 심각한 장애에도 불구하고 꾸준히 노력하여 스탠드업 코미디언을 꿈꾼다. 하지만 한 레스토랑 무대에서 공연하던 중 의지와 관계없이 터지는 웃음 때문에 사람들의 야유를 받게 된다. 이를 촬영한 영상이 인기를 끌자 유명한 TV쇼 진행자 머레이는 아서를 자신의 쇼에 출연시켜 망신을 주어 웃음거리로

142

만들려고 시도한다.

◇ 아서는 어머니를 목욕시켜 드리고 같이 춤을 추는 등 보살핌을 다하면서도 사랑하는 여인과의 로맨스를 꿈꾸는 평범한 남자이기도 하다. 그는 옆집에 사는 싱글맘 소피와 연인이 되어 사랑을 나누는 망상을 꿈꾸기도 한다.

B. 아서가 괴물 조커로 변하게 되는 계기는?

심각한 장애에도 제대로 된 치료를 받지 못하던 아서는 그나마 시에서 무료로 제공되던 심리치료 상담마저 끊기자 절망에 빠지게 된다. 영화에서는 고단한 일상과 생활로 힘들게 올랐던 계단을 춤을 추며 내려갈 때 기존의 본성을 버리고 괴물 조커로 변신하는 과정을 비유해서 보여준다.

◇ 길거리에서 아르바이트하다가 자신이 들고 있던 광고판을 빼앗아 달아나던 불량 패거리에게 두들겨 맞고 회사에서 쫓겨나게 된다.

◇ 어린이 병원에서 광대공연을 하던 중 권총을 떨어뜨려 해고당하고 돌아오던 지하철 안에서 불량배에게 구타당하다가 쌓인 분노로 그들을 살해하게 된다.

◇ 나이트클럽에서 간신히 얻은 스탠드업 코미디쇼에 출연 기회를 얻지만 쉴 새 없이 터지는 웃음 때문에 비웃음을 사게 된다.

◇ 망상장애를 앓던 어머니는 아서의 아버지가 억만장자 토마스 웨인이라 주장했고 이를 믿은 아서는 브루스 웨인을 찾아갔다가 망신만 당하고 절망감에 사로잡혀 돌아온다.

◇ 병원 기록에서 어머니가 자신을 입양했고 자신을 학대한 장본인이었음을 알아내게 되면서 "내 인생이 비극인 줄 알았는데, 사실 개 같은 코미디였다"라는 말과 함께 어머니를 살해하게 된다.

◇ 자신에게 총을 주어 회사에서 해고당하게 만든 동료가 집으로 찾아오자 가위로 찔러 무참히 살해하게 된다.

◇ TV쇼의 유명한 진행자 머레이는 아서를 초대하지만 계속 웃음 거리를 만들며 조롱하자 그는 생방송 도중 권총으로 머레이를 살해하면서 완전히 괴물로 탈바꿈하게 된다.

C. 시민들이 폭도로 변하게 된 이유는?

조커가 지하철에서 살해한 세 사람이 고담시의 억만장자 웨인 엔터프라이즈의 직원들임이 밝혀지고, 회장인 토마스 웨인이 방송에서 살인범을 비난하면서 "용기가 없는 겁쟁이며 비열한 자이다. 그를 옹호하는 사람은 성공한 사람들을 질투하는 광대나 다름없다"고 표현하자 사람들은 더욱 분노하게 되고 아서의 모습을 따라 광대 마스크를 쓰고 폭동을 일으키게 된다. 범죄와 부패, 탐욕의 도시 '고담시Gotham City'는 구약성서에 나오는 악의 도시 소돔과 고모라를 딴 것처럼 점점 타락의 도시로 바뀌게 된다.

D. 도시의 질서가 급격히 훼손된 이유는?

고담시가 사회의 소외된 계층에 대한 복지를 급격히 줄이자 환경미화원들이 파업하면서 시가지는 쓰레기가 들끓고 벌레와 쥐가 넘치게 된다. 왕중추가 쓴 "디테일의 힘"에서도, 1990년대 초 뉴욕시의 새로운 시장이 된 루돌프 줄리아니는 뉴욕이 강력범죄가 들끓어 썩어가게 된 이유가 바로 지하철의 낙서, 청소가 되지 않은 길거리라고 판단하여 낙서를 지우고, 길거리를 청결히 하고, 타임스 스퀘어의 성매매를 근절하기 시작했고, 살인, 강도 등 강력범죄가 없어지고 세계적인 관광지로 탈바꿈한 사례를 인용하였다. 이처럼 도시의 사소한 쓰레기 방치가 사람들의 범죄심리를 자극하여 도시를 질서가 없는 폐허로 만드는 것이다.

E. 토마스 웨인은 누구인가?

고담시 차기 시장을 노리는 억만장자이며 웨인 엔터프라이즈의 회장인 토마스 웨인은 어느 날 부인과 아들과 영화를 보고 나오다가 길거리에서 만난 불량배에게 살해당하고 만다. 어릴 적 부모님의 끔찍한 죽음을 목격한 아들 부르스 웨인은 향후 고담시의 정의를 지키는 음울한 박쥐의 전사 배트맨으로 성장하고 운명적으로 조커와 숙명의 대결을 하게 된다.

F. 역대 조커를 연기한 배우들은?

◇ 팀 버튼이 감독한 <배트맨Batman, 1989>: 배트맨과 싸우다 약품 속에 처박혀 간신히 살아났지만 창백한 흰 얼굴에 머리칼은 초록색, 입술은 진홍색, 게다가 안면 신경이 파손되어 늘 웃고 있는 상태의 얼굴을 연기한 잭 니콜슨이 그로테스크한 조커를 연기했다.

◇ 크리스토퍼 놀란이 감독한 <다크 나이트The Dark knight, 2008>: 압도적인 카리스마와 위험하기 짝이 없는 혼돈의 화신을 천재적으로 연기한 히스 레저가 조커 역을 맡았고, 아카데미 남우조연상을 받았으나 안타깝게도 갑작스러운 죽음으로 유작이 되기도 하였다.

에필로그

방송에서는 상상조차 하기 힘든 끔찍한 범죄들이 연일 보도되고 있다. 게임기를 망가트리지 않았다고 거짓말을 했다는 이유로 아이를 작은 캐리어에 넣어 숨지게 한 계모의 뉴스는 가히 충격적이다. 또한 어린 청소년들의 신체를 불법으로 촬영하여 콘텐츠를 매매하고, 불법 유턴으로 어린이를 희생하게 만드는 사례 등 무서운 뉴스들이 많이 보인다. 이 모든 것은 사회적인 양심과 약속이 지켜지지 않기에 더욱 만연하고 있다. 조커도 처음에는 열심히 살아보려고 했지만 아무도 그를 도와주지 않고 비웃기까지 하면서 서서히 사람을 살해해도 양심의 가책을 느끼지 않는 괴물로 변해 간 것이다. 아이들의 행동은 부모에게서 원인을 찾아야 하고, 사회인들의 행동은 사회공동체에 원인이 내포되어 있을 수도 있다. 그렇기에 남을 짓밟아 나만 잘살겠다는 극도의 이기주의는 누구에게나 잠재된 악마 조커를 깨워서 양산할 수 있음을 경계해야 할 것이다.

24

가짜 세상에서
진짜 삶을 찾아라!

매트릭스The Matrix, 1999

프롤로그
—

우리는 진짜 세상에 사는 것일까? 이 질문에 선뜻 'Yes'라고 대답하기는 어렵다. 아침 눈 뜰 때부터 밤에 잠들기까지 우리는 인터넷에 연결되어 있고 SNS로 관계를 이어가고 있기 때문이다. 코로나19 사태 이후 비대면 채널의 급속한 활성화로 사이버 세상은 더욱 우리의 생활을 지배하고 있다. 영화 <매트릭스 The Matrix, 1999>에서 '두뇌가 해석하  는 디지털 전자 신호에 불과한 가짜의 삶'에서 잠이 깬 주인공은 진짜 사회를 복원시키기 위해 노력하지만, 그 진짜 세상은 고통과 괴로움이 가득한 곳임을 알게 된다. 하지만 직관을 통해 나의 삶과 역사를 만들어가는 진짜 삶을 선택한 것에 후회는 없다. 오늘 진짜 삶을 찾기 위한 노력을 시작하라!

● 영화 줄거리 요약

미래 2199년, 토머스 앤더슨(키아누 리브스 분)은 낮에는 평범한 회사원으로, 밤에는 네오Neo라는 이름의 해커로 활동한다. 현실의 진짜 본질에 관한 그의 데카르트적 회의는 아름답고 신비한 트리니티(캐리 앤 모스 분)를 통해 전설적인 해커 모피어스(로렌스 피쉬번 분)를 만난 후 확증된다. 정신과 두뇌를 열고 새로운 사실을 받아들이겠다고 운명적 선택을 한 네오는 이전에 그가 '존재했던' 세계는 오래전 인류가 만든 인공지능 컴퓨터들이 통제하는 가상현실 프로그램이 만들어낸 환상임을 알게 된다. 살아남기 위해 끊임없이 전류를 공급받아야 하는 그 기계들은 모든 극소수의 반란자들과 지하도시 중 한 곳인 시온을 제외한 모든 인류를 영원한 가상현실 공간 매트릭스에 환각 상태로 가두어놓고 인간들을 에너지원으로 활용하고 있다. 자동 인큐베이터에 의식 없이 누워 있는 사람들은 실제로 자신이 생산적인 삶을 살고 있다고 믿고 있지만, 사실은 흡혈귀 같은 컴퓨터들에 소중한 영혼과 에너지를 빼앗기고 있다. 모피어스는 네오가 언젠가 암울한 현실(디스토피아)에서

148

인류를 영원한 종속에서 해방시켜 줄 전설 속의 구세주라고 믿는다. 처음에 네오는 평범한 주부 같은 예언자 오라클(글로리아 포스터 분)의 말을 듣고 자신이 구세주가 아니라고 생각하지만, 내면의 강인함을 끌어모아 인공지능 기계들의 방어부대를 무찌르는 데 성공한다.

● 관전 포인트

A. 이 영화의 특징은?

철학적 주제에 능숙한 액션 안무가 예술적 경지에 오른 최첨단 특수효과를 효과적으로 결합한 SF 블록버스터로 앤디와 래리 워쇼스키 형제가 구상하여 대본을 쓰고 감독한 작품이다. 만화가 출신인 이들은 "오즈의 마법사"와 "이상한 나라의 앨리스", "잠자는 숲속의 미녀", "공각 기동대"와 "성경"까지 거의 모든 것을 섞어 넣어 방향 없이 살아가는 현대인들에게 삶의 정체성을 돌아보게 한다. 2003년에는 2편 <매트릭스 2The Matrix Reloaded>, 3편 <매트릭스 3The Matrix Revolutions>이 개봉되었다.

B. 화려한 시각효과는?

아카데미 시각효과상, 편집상, 음향상, 음향 편집상을 수상한 혁신적 영화이기도 하여 여러 가지 특별한 장면을 보여준다.

◇ 불릿타임bullet-time: 배우의 슬로 모션에 카메라의 움직임을 더하여 어떤 이벤트의 한순간을 더욱 극적으로 표현하는 특수 시각효과로 주인공인 네오가 스미스 요원이 쏜 총알을 뒤로 몸을 젖히면서 피하는 장면이 압권이다.

◇ 도청용 기계 벌레: 요원들이 모피어스를 추적하기 위해 네오의 몸속에 넣은 도청용 기계 벌레로 트리니티가 제거해 준다.

◇ 없어지는 입: 스미스 요원이 네오를 심문할 때 입을 없애 그에게 극도의 공포감을 불어넣는다.

◇ 증식하는 요원들: 스미스 요원이 여러 명으로 증식되어 네오와 결투를 벌이게 되는 장면에서 초현실주의 화가 르네 마그리트의 작품을 떠올리게 된다.

◇ 센티넬: 인간의 함선을 파괴하기 위해 만든 엄청난 숫자의 AI로 인간이 가지고 있는 구식 EMP(전자기 펄스)를 통해 방어할 수 있다.

◇ 네오가 총알을 손으로 막는 장면: 네오는 요원들의 빗발치는 총탄을 한 손으로 무력화시킨다. 이것은 네오가 매트릭스라는 시스템에서는 생각(의지)하기에 따라 결과를 만들어낼 수 있다는 것을 깨달았기 때문이다. 현실세계에서 자신의 관점에 따라서 불가능할 것 같은 문제를 타결해 나갈 수도 있다는 것을 암시한다.

C. 네오가 운명의 선택을 하게 되는 장면은?

모피어스는 네오가 인류를 시온으로 데려가 구원할 구세주인 어떤 존재(그: The One)라고 믿고 알약 두 개(파란 약은 편하게 현재를 인정하고 살고, 빨간 약은 진짜 세계를 인식하며 사는 것)를 건네며 스스로 운명을 결정할 기회를 준다. 빨간 약을 먹은 네오는 인큐베이터 안에서 탈출하여 비행선 '느부갓네살'에서 기계와의 전쟁을 시작하게 된다.

D. 모피어스가 네오를 교육하는 방식은?

네오는 모피어스로부터 자아를 인식하고 매트릭스 속 가상현실을 다루는 방법을 전수한다. 모피어스 팀의 해커 탱커가 매트릭스를 해킹하여 초인적인 힘을 심어준다. 모피어스가 스미스 요원에게 체포된 후 네오는 "자신을 믿으라"는 모피어스의 가르침을 되새기며 트리니티와 함께 악당의 소굴로 쳐들어가서 모피어스를 구출해 낸다. 혈투 끝에 네오가 쓰러지지만, 가상현실에서의 자아를 지배하는 방법을 깨달은 네오는 초인이 되어 스미스 요원을 무너뜨린다.

E. 배신자 사이퍼의 생각은?

비록 스스로 진짜 세상을 선택했지만, 너무나 암울하고 힘든 현실에 질려 모피어스를 배신하고 풍요로운 가상세계로 되돌아가기 위해 가상현실의 악마 스미스 요원에게 매트릭스

세계로 데려가달라며 부탁한다. 그는 부자이고 유명한 사람이 되게 해달라는 배신의 거래로 동료들을 차례로 살해하지만, 마지막 살아남은 탱커가 그를 처단함으로써 네오와 크리니티만 목숨을 건지게 된다.

에필로그

평범한 회사원이었던 네오를 인류를 구원할 구세주라고 예언했던 오라클은 그가 점점 초인으로 거듭나자 보디가드 세라프가 "네오가 선택받은 자라는 것을 어떻게 예지했냐"고 묻자, 오라클은 "몰랐다. 단지 그를 구원자로 선택했어"라고 얘기한다. 또한 모두가 불신할 때 강한 믿음을 보였던 모피어스의 신념에 평범한 네오가 구원자로 바뀌었듯이, 오늘날 진짜인지 가짜인지를 구별할 수 없는 현실 속에서 살아가는 삶을 오롯이 자기 삶으로 바꾸기 위해서는 스스로에 대한 강한 자존감과 믿음 그리고 진정한 사랑을 되살리는 것이 중요한 것이다. 오늘 진짜 세계로 들어갈 빨간 약을 먹을 각오가 되었나?

25

소리 없이 다가오는 공포!

에이리언Aliens, 1986

프롤로그

—

코로나19가 강한 유행의 양상을 띠
며 소리 없는 공포로 다가오고 있다.
그것은 개인 방역에 대한 자신감과 지
친 일상에 방심하기 때문이다. 심지어
미국에서는 마스크를 끼지 않을 자유
를 외치며 대규모 시위를 하기도 한다.
코로나19라는 외계인의 침공으로 초토
화된 지구의 자생력을 회복하기 위해
개개인의 자기조절이 필요한 시점이다.
제임스 카메론 감독의 영화 <에이리

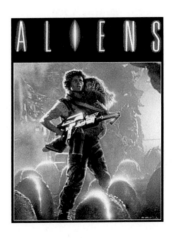

언 2Aliens, 1986>에서 외계행성의 피도 눈물도 없는 살인마 에이리
언과 만나 싸우는 지구인들은 결국 탐욕에 감염된 인간이 외계인보다
더 무서운 존재라는 것을 알게 된다. 강대국 리더들은 코로나19를 정

치적 이기주의인 표퓰리즘으로 이용하고 있다. 다시 한번 코로나19 공포의 심각성을 인식하고 탐욕과 이기심을 버리고 인류의 생명과 생존의 유지를 위한 국경 없는 협력을 시작해야 한다.

● 영화 줄거리 요약

에이리언과의 싸움에서 간신히 살아남은 리플리(시고니 위버 분)는 잠든 채로 우주를 57년간 떠돌다 구조선에 의해 구출된다. 회사는 리플리를 비롯한 당시 승무원들이 로스트로모호를 잃어버린 것을 추궁하면서도 에이리언 얘기는 믿지 않는다. 이때 식민행성 LV-426 거주민들의 통신이 두절되는 사건이 벌어지자 리플리는 고문 자격으로 해병대와 동행하게 된다. 엄청난 무장을 갖춘 해병대원들은 자신의 힘을 과시하며 리플리의 경고를 듣지 않는다. 행성에 도착한 해병대원들은 수색을 시작하고, 행성 거주민들이 에이리언 유충의 산 먹이가 된 것을 목격하고, 곧이어 벌어진 에이리언과의 교전에서 여러 대원을 잃는다. 이에 해병대원들은 행성 거주민들의 실험실로 대피하고, 리플리는 이곳에서 거주민들의 마지막 생존자인 소녀 뉴트를 발견하고 손목에 위치추적기를 달아주면서 뉴트를 보호한다. 리플리는 에이리언을 전멸시키기 위해 기지를 핵폭탄
으로 파괴하려는 계획을 세
우지만, 탈출 전 셔틀이 에
이리언에 공격받아 폭발하
는 바람에 행성 역시 폭발
까지 4시간의 카운트다운에
들어간다. 그 후 마지막 사
투에서 살아난 리플리는 로봇 비숍의 도움으로 간신히 지구 귀환선을
타게 된다.

● 관전 포인트

A. 리플리가 다시 식민지 행성으로 가게 된 이유는?

회사의 간부 카터 버크가 미 해병대와 반드시 에이리언을 없애버
리겠다는 약속에 리플리도 동참하게 되지만 결국 버크는 탐욕을 부리
다가 대원들을 희생시키고 자신 또한 에이리언에게 당하게 된다.

B. 비숍이라는 로봇의 정체는?

비숍은 버크가 데려온 인공지능 로봇이다. 그는 에이리언을 연구하
고 수백만 달러의 가치가 있는 견본을 지구로 데려갈 임무를 맡게 된
다. 비숍은 리플리의 의견에 공감하여 위험을 무릅쓰고 기지 자동폭발
시스템을 고치러 밖으로 나간다. 한편 버크는 에이리언의 샘플을 인체
에 넣어가려는 욕심에 리플리와 소녀가 연구실에서 에이리언에 공격
당하는데도 모른 체한다.

C. 리플리의 가공할 역량은?

리플리는 빠른 판단과 남자들보다 강한 정신력 그리고 자동화기 로봇을 운전할 줄 아는 실력까지 갖추어 에이리언과 대적할 최고의 전사였다. 한편 퀸 에이리언은 수많은 알을 낳는 여왕벌 같은 존재로 그곳에서 나온 유충은 사람의 얼굴에 붙어face hug 식도로 들어가 성충이 되면 배를 뚫고 나오게 된다. 하지만 리플리는 화염방사기로 알들을 모두 태워버리고 탈출 우주선에 올라탄 퀸 에이리언과 격투하여 우주로 방출시키며 힉스 상병, 소녀 뉴트와 지구 귀환선에 오르게 된다.

D. 에이리언과 최후의 격전은?

해병대 리더 중위가 죽고 차 선임자인 힉스 상병이 지휘를 맡은 상황에서 리플리는 핵폭탄으로 괴물들을 몰살하자고 하지만, 회사 대표 버크는 중요한 생물 종을 함부로 멸망시킬 수 없다고 거부한다. 이때 에이리언의 공격으로 셔틀이 파괴되고, 건물 안으로 들어온 생존자들은 위치 추적기와 자동 로봇 기관총으로 마지막 격전을 하지만 대규모 에이리언의 공격으로 대원들은 전사하고 리플리와 뉴트만이 우주선에 탑승하여 탈출하게 된다.

E. 에이리언 시리즈 구성은?

◇ <에이리언 1Alien, 1979>: 승무원 7명은 광석 2천만 톤을 싣고 지구로 귀환 중 수상한 발신음이 포착된 행성으로 조사를 하러 갔다가 인공지능 로봇 애쉬의 음모에 휘말려 에이리언에게 모두 희생당하고 리플리만 극적으로 살아남아 셔틀에서 탑승하여 구조선을 기다리게 된다.

◇ <에이리언 3Alien 3, 1992>: 2편에서 구명선으로 힉스 상병 등과 탈출한 리플리는 우주의 '웨이랜드 유타니의 노동교도소 퓨

리 161호 행성'의 의사 클레멘스에 의해 구조된다. 하지만 죽은 동료 시체에 숨어 있던 에이리언이 튀어나오고, 리플리는 핵폐기물 장으로 유인하여 에이리언을 처치하려고 했지만 실패한다. 엎친 데 덮친 격으로 리플리는 자신의 몸에 퀸 에이리언의 유충이 살고 있음을 확인하고 자신을 공격하지 않는 점을 이용하여 끓는 납으로 용광로에서 괴물을 처치하고 자신도 스스로 용광로에 몸을 던진다.

◇ <에이리언 4Alien: Resurrection, 1997>: 통합군사 시스템회사가 복제된 리플리의 몸에서 퀸 에이리언의 유충을 꺼내게 된다. 한편 우주 밀수범죄자들은 막대한 돈을 받고 에이리언의 숙주가 될 사람들을 공급하게 된다. 리플리는 알 대신 자궁으로 나온 새로운 혼합 종의 에이리언이 지구로 침투하지 못하도록 사투를 벌이고 인공지능 로봇 콜이 우주선의 목적지를 지구 밖으로 변경하며 무사히 지구로 돌아가게 된다.

에필로그

    코로나19 사태로 우리의 모든 일상은 엄청난 변화를 겪게 되었다. 현재 종교활동, 다중시설, 식사 등에서 개개인의 방심이 걷잡을 수 없는 사태로 악화하고 있기 때문에 학교로 돌아갈 수 없는 학생, 관중이 없는 스포츠 경기, 대면 없는 여행과 국제회의처럼 사람과 사람의 접촉이 없는 비대면 일상으로 변화하였다. 개개인의 이기심과 안일함이 지속된다면 우리는 다시 이전 일상으로 회귀할 수 없을지도 모른다. 백신 생산국들도 정치적 인기에 영합하지 말고 인류의 재생을 위해 전방위적으로 협력하여야 한다. 영화 <에이리언>에서 사람의 생명을 담보로 돈을 벌기 위해 통제가 되지 않는 외계생명체를 소유하려다가 승무원, 해병대원들이 차례로 희생당하던 모습에서 결국 인류의 위기는 바로 인류 자신임을 깨닫게 된다. 소리 없이 코앞까지 다가온 공포에도 남의 탓을 하며 자신만의 이익을 추구하는 사람들이 무서울 따름이다.

26
로봇과 인간의 차이점!

바이센테니얼 맨Bicentennial man, 1999

프롤로그

—

우리는 아이러니하게도 가족이나 가까운 친구로부터 더 많은 상처를 받게 된다. 그래서 현대인들은 비혼을 선택하면서 반려동물과 같이 생활하는 사람이 많아진다. 반려동물은 최소한 상처를 주는 말을 하지는 않기 때문이다. 영화 <바이센테니얼 맨Bicentennial man, 1999>에서 진화한 인공지능 로봇의 존재는 인간의 마음을 헤아리고 사랑을 할 수 있는 상대로까지 발전하는

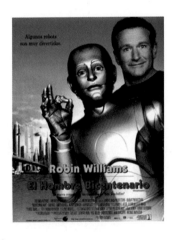

모습을 보여준다. 불합리한 요소를 가득 품은 인간보다 쉽게 상처받지 않을 수 있기 때문이기도 하다. 미래는 상상할 수 없는 많은 관계가 만들어질 것이다. 그렇지만 인간이 가진 가장 소중한 사랑의 감정과

159

희생정신은 영원히 사라지지도 대체되지도 않을 것이다.

● 영화 줄거리 요약

리처드 마틴(샘 닐 분)은 가족을 깜짝 놀라게 해 줄 선물로 가전제품을 구입한다. 설거지, 청소, 요리, 정원 손질 등 모든 집안일을 하나로 해결할 수 있는 첨단 가전제품으로 심지어 아이들과 함께 놀아줄 장난감으로도 쓰일 수 있는 기적 같은 제품은 바로 가사 로봇 앤드류 마틴(NDR-114: 로빈 윌리엄스 분)으로 리처드를 주인님으로, 자아도취에 빠진 그의 아내를 마님으로 부르며 공손하고 부지런한 가사 로봇의 소임을 다한다. 그러나 기계답지 않은 이상한 질문들을 던져 때론 가족들을 곤란하게, 또 때론 요절복통하게 만드는 등 점차 그의 남다른 모습이 드러나기 시작한다. 어느 날 앤드류가 만든 나무 조각상을 보고 인간적 재능을 발견한 마틴은 그를 마치 친아들처럼 여기게 된다. 그리고 로봇 제조사 로보틱스에서 그를 불량품으로 간주하여 연구용으로 분해하기 위해 리처드에게 끊임없이 반환을 요구하지만, 오히려 앤드류를 보호해 준다. 시간이 흘러, 어린 소녀에서 아름다운 여인으로 성장한 작은 아가씨에게 점차 인간의 감정을 어렴풋이 이해하기 시작한 앤

160

드류의 강철 심장에 수줍
은 설렘이 찾아온다. 그러
나 미처 깨닫기도 전에 작
은 아가씨는 결혼해 버리
고, 아버지처럼 아껴주던
마틴이 숨을 거둔 후 앤드
류는 자신을 이해해 줄 자
신과 같은 불량로봇을 찾아 기나긴 여행에 오른다. 수십 년 후, 천신
만고의 모험 끝에 집으로 돌아오지만, 이제는 할머니가 되어버린 작은
아가씨와 그녀를 쏙 빼닮은 듯한 손녀 포샤를 만나자마자 그는 거부할
수 없는 사랑의 열병을 앓는다. 인간이 되고 싶은 간절한 소망으로 그
는 첨단과학을 이용하여 인간이 되기 위해 모든 노력을 다한다.

● 관전 포인트

A. 앤드류가 보통의 인공지능 로봇과 다른 모습을 보인 것은?

지하실을 청소하며 거미를 살려주고, 마틴 부부가 체스를 둘 때도
유심히 보면서 호기심과 탐구욕을 보이며, 작은 아가씨가 건네준 유리
인형을 실수로 깨고 난 뒤에 실망하는 그녀를 위로하기 위해 독자적으
로 목공예술을 배워 모양이 똑같은 말 모양의 조각품을 선물하여 큰
감동을 일으키게 되는 등 학습능력과 감정이입이 인간과 닮았다. 주인
마틴은 이런 창의성, 호기심, 우정 같은 특징을 높이 평가하여 집안일
을 줄이고 그의 능력을 개발해 주기 위해 인간과 삶에 대한 개인 교육
을 해 준다.

B. 앤드류가 인간과 사랑에 빠지게 되는 순간은?

자신이 좋아하던 작은 아가씨가 늙어 심장마비로 죽던 날 그는 인간처럼 눈물을 흘리며 슬퍼할 수 없는 것은 잔인한 것이라며, 과학의 힘을 이용하여 인공장기와 중추신경을 주입하고 고통도 느낄 수 있을 만큼 인간의 모습과 실수와 불안정하다는 감정까지 업그레이드하면서 포샤에게 청혼하여 허락을 받아낸다. 하지만 인간 법정에서는 로봇과의 결혼은 승인받지 못한다. 앤드류는 학습을 통해 "인간의 역사를 통틀어 수백만의 사람들이 죽음을 불사하고 쟁취하려 한 것은 자유"라면서 자신의 의지에 따라 자유롭게 살기를 추구하게 된다.

C. 앤드류가 작은 아가씨를 사랑하게 된 계기는?

작은 아가씨는 앤드류가 만든 자명종 시계를 판 돈을 앤드류의 계좌에 입금해 주고 피아노를 같이 치는 등 인격적인 대우를 해 주지만, 결국 어른이 되어서는 남자친구 프랭크와 결혼하게 된다. 이를 계기로 앤드류는 자유를 갈망하며 마틴 집안을 떠나게 되고 16년 후 마틴이 죽을 때 찾아와 그동안의 우정을 확인하게 된다. 인공지능 로봇에서 인간으로 진화하고 싶었던 앤드류는 주인인 마틴이 자신이 만든 명품 벽시계들을 판 돈을 모두 앤드류의 계좌에 넣어주었고 그 돈으로 자신을 만든 과학자의 아들을 찾아가 과학의 힘을 동원하여 거의 인간과 흡사한 몸과 마음을 갖게 되자 작은 아가씨의 손녀 포샤와 사랑에 빠지게 된다.

D. 앤드류가 죽음을 선택하는 이유는?

인간이 되고 싶었던 앤드류는 자신이 사랑하는 여인 포샤 옆에서 노화하게 만드는 물질을 주입하여 인간적인 죽음을 선택하게 된다. 법원에서는 이러한 숭고한 선택을 한 앤드류에게 인간이 되었음을 인정하며 동시에 한 여인의 배우자로도 인정하게 된다. 브래드 피트 주연의 영화 <트로이Troy, 2004>에서 신의 아들인 아킬레스도 "신들은 인간들을 질투해 신들은 죽으려 해도 죽을 수 없기 때문이지. 신들에겐 마지막 순간이란 게 없거든. 이 세상 모든 것들보다 인간들이 더 고귀한 것은 인간은 사라지기 때문이야"라며 인간이 유한한 삶을 산다는 것을 가장 부러워하기도 한다. 그만큼 한 번뿐인 삶이기에 더욱 소중하고 후회 없이 살아야 한다는 교훈을 배우게 된다.

E. 인공지능을 다룬 주요 영화들은?

◇ 스티브 스필버그 감독의 <에이 아이Artificial Intelligence, 2001>
◇ 윌 스미스 주연의 <아이, 로봇I, Robot, 2004>
◇ 데즈카 오사무의 애니메이션 <아스트로 보이-아톰의 귀환Astro Boy, 2009>
◇ 휴 잭맨 주연의 <리얼 스틸Real steel, 2011>
◇ 호아킨 피닉스 주연의 <그녀Her, 2013>
◇ 애니메이션 <빅 히어로Big hero, 2014>
◇ 휴 잭맨 주연의 <채피Chappie, 2015>

에필로그

—

영화를 통해 인간을 인간답게 해 주는 것이 무엇일까 생각해 보게 된다. 물질과 영생에 대한 욕심보다 인간다운 늙음과 죽음 같은 유한성을 갖고 싶은 숭고한 가치로 생각하는 로봇을 통해 우리가 늙어가고 언젠가 죽는 것이 어쩌면 자연스럽고 행복한 여정이라는 것을 깨닫게 된다. 그러기에 지금 가진 모든 것에 감사하고 곁에 있는 사람들에게 상처 주지 않고 따뜻하게 안아주는 것이 행복의 핵심 가치일 것이다.

제3부

죽음의 의미

27
포기하지 않는
삶은 위대하다!

얼라이브Alive: The miracle of the Andes, 1993

프롤로그
—

필자가 공군 학사 장교 훈련 시절,
아침에 군악대가 출장의 장도를 격려
하는 활기찬 행진곡을 연주해 주곤 했
다. 그 음악은 몸과 마음이 지친 후보
생들에게 큰 용기와 힘을 주었다. 우리
는 매일 삶의 전쟁터로 나아가고 있지
만, 아무도 격려해 주지는 않는다. 영
화 <얼라이브Alive: The miracle of the
Andes, 1993>에는 안데스산맥 설산에
불시착한 일행들이 어떻게 죽고 어떻

게 살아오는지가 담겨 있다. 포기하지 않고 하루하루 삶을 이어가는
것이야말로 어떤 삶보다 위대하다는 것을 깨닫게 되며, 그 여정에서

중요한 선택의 귀로마다 작은 용기가 모여 큰 미래를 결정한다는 것을 배우게 된다. 오늘도 삶의 전쟁터로 출정하는 그대에게 건배!

[안데스산맥: 남아메리카 제일의 산맥으로 해발고도 6,100m 이상의 고봉이 50여 개에 이르며, 아시아의 히말라야 다음으로 높은 산맥이다. 세계에서 가장 긴 산맥으로 길이가 7,000km에 달하며, 북으로 카리브해에 면한 마라카이보 호수에서 시작하여 남으로 티에라델푸에고 섬까지 남아메리카 대륙의 태평양 연안을 따라 베네수엘라/콜롬비아/에콰도르/페루/볼리비아/칠레/아르헨티나의 7개국에 걸쳐 남북으로 뻗어 있다.]

● 영화 줄거리 요약

1972년 10월 13 금요일 오후, 우루과이대학 럭비팀을 태운 항공기가 칠레로 상륙하기 직전 기상악화로 안데스산맥에서 추락하는 사고가 발생한다. 높은 산맥들과 부딪힌 비행기는 날개가 잘려나가고 프로펠러는 객실 안으로 비집고 들어오고 꼬리는 떨어져나가게 된다. 결국 비행기는 동체만 남아 미끄러져 예상치 못한 영하 40도의 안데스산맥 설산에 불시착하게 된다. 승객 몇은 그 자리에서 죽고, 중상인 사람도 많다. 하지만 난도 파라도(에단 호크 분), 안토니오 발비(빈센트 스파노 분), 로베르토 카네사(조쉬 해밀톤 분)는 중심을 잡고 남은 생존자를 돌보며 구조대를 기다린다. 그러나 악천후로 구조의 기미는 보이지 않고 8일째 되는 날, 가까스로 살려낸 라디오 방송에서 수색작업을 포기했다는 절망적인 보도를 듣게 된다. 대부분의 사람이 삶을 포기하는 분위기에서 난도 등 3명은 안데스산맥을 넘어 칠레로 구조요청을 위한 필사의 길을 떠나게 된다. 극한의 날씨 속에서 평상복만 입은 그들은 마침내 기적같이 설산이 끝나는 칠레의 푸른 땅이 숨 쉬는 계곡에 다다르고 구조대의 헬리콥터를 타고 생존자들을 구하러 돌아온다.

● 관전 포인트

A. 72일간의 생존일지는?
   ◇ 처음 불시착했을 때는 막연히 구조대를 기다렸다.
   ◇ 조난 8일째 라디오에서 수색작업을 포기했다는 절망적인 보도를 듣게 된다.
   ◇ 사람들이 추위와 허기에 하나둘씩 죽어갈 때 난도는 죽은 사람의 몸을 먹고 살아 돌아가자고 제의한다.
   ◇ 심야에 눈사태로 다시 여러 명이 죽게 된다.
   ◇ 선발된 3명은 비행기 꼬리에 장착된 무전기를 찾기 위해 길을 떠나지만 찾지 못하고 돌아온다.
   ◇ 드디어 난도 등 3명은 설산을 걸어 칠레로 구조요청의 길을 떠나게 된다.

◇ 칠레에 도착한 일행은 헬리콥터를 타고 동료를 구조하러 온다.

B. 실제 있었던 이 사건에서 살아남은 숫자는?

1972년 12월 23일, 72일간의 지옥 같았던 삶에서 총 45명의 승객 중 29명이 숨지고 16명의 승객만이 살아 돌아오게 된다. 그들은 다시 그 산을 찾아 사망한 사람들의 무덤을 만들어주고 십자가를 세우며 명복을 빌게 된다.

C. 이 영화와 비슷한 재난 영화는?

◇ 파푸아 뉴기니의 거대 수직 해저 동굴 '에사 알라' 탐험 중 열대 폭풍을 만나 생존을 위해 사투하는 영화 <생텀Sanctum, 2010>

◇ 2015년 칠레 산호세 광산 붕괴 사고에서 69일 만에 지하갱도에서 용기를 잃지 않고 견디다가 구조 캡슐을 타고 극적으로 살아나온 33인 광부의 실화를 담은 영화 <33The 33, 2015>

◇ 2003년 미국 유타주 블루 존 협곡에서 홀로 등반에 나선 아론은 떨어진 팔이 짓눌려 고립되자 산악용 칼로 자신의 한쪽 팔을 자르고 6일 만에 탈출한다는 실화를 담은 영화 <47미터47 Meters Down, 2017>

D. 주인공들이 생존하기 위해 치열하게 노력했던 과정은?

◇ 처음에는 난도가 생존을 위해 죽은 사람의 살을 먹자고 제안할 때 많은 사람은 종교적 신념 등으로 그를 악마처럼 대했지만, 결국 여동생을 잃고도 남은 사람들을 살리기 위한 난도의 진정성에 수긍하며 따라오게 된다.

◇ 눈사태로 사람들이 추가로 죽어나가자 결국 난도는 걸어서 칠레로 구조 요청을 하러 가자고 한다. 다른 사람들은 그나마 안식

처인 지금의 자리에 사람들과 같이 안주하고 싶어 한다. 이를 설득하여 결국 3명은 엄청난 혹한 속에 죽음을 무릅쓰고 걸어서 칠레까지 도달하게 된다.

E. 유일한 생존자였던 항공기 승무원의 태도는?

유일하게 생존한 항공기 정비사는 학생들이 어떻게든 구조대와 교신하기 위해 노력하는 과정에도 모든 것은 부질없는 행동이라며 핀잔을 주며 자신의 책무를 다하지 않는다. 이런 모습은 미국에서 발생한 항공사고에서 책임을 다하는 영화 <설리: 허드슨강의 기적Sully, 2016>의 책임감 강한 기장과는 매우 대조적인 행동인 것 같아 안타깝다.

에필로그
—

영화에서는 절망밖에 없는 상황에서도 몇 명은 가지고 있는 음식과 자원을 최대한 계획적으로 나누고, 심지어 생존을 위해 인육을 먹기도 하며 소중한 삶을 지켜나간다. 그리고 마지막에는 불가능할 것 같았던 산행을 통해 칠레로 구조요청을 하러 가는 여정에서 생명의 경외심을 느끼게 된다. 절망과 좌절 속에서 시시각각 다가오는 죽음을 알면서도 칠레로 떠나려던 리더 난도를 막아서는 사람들을 보며, 위기

극복을 위해 뭔가를 시도하려는 사람에게 항상 시련이 있고 그 시련을 극복하지 못하면 결국 조직은 모두 죽고 만다는 교훈도 배우게 된다. 안데스산맥은 아니지만 각자 주어진 삶의 여정에서 오늘도 출정하는 모든 사람에게 존경과 격려를 보낸다.

28
죽음은 항상 가까이 두래

조 블랙의 사랑Meet Joe Black, 1998

프롤로그
—

최고의 권력자와 재력가라 하여도 죽은 후 생은 자연스럽게 정리된다. 그럼에도 불구하고 많은 사람은 죽을 때까지 욕심을 손에서 놓지 못한다. 세계를 정복한 알렉산더 대왕은 죽을 때, 자신의 관에 구멍을 뚫어 두 손을 내어놓으라고 당부했다. 그것은 자신과 같이 모든 것을 가진 자도 세상을 떠날 때는 빈손으로 돌아가니 겸손하게 살라는 일종의 남은 사람들에 대한 일

깨움의 메시지였다. 김영민 교수의 책 "아침에는 죽음을 생각하는 것이 좋다"에서 말하듯 죽음을 가까이 둔다면 현재의 삶을 더 적극적이고 행복하게 후회없이 살아낼 수 있을 것이다. 영화 <조 블랙의 사랑

Meet Joe Black, 1998>을 통해 생에 대한 성찰과 함께 '번개 치는 듯한 뜨거운 사랑'을 배우게 된다.

● 영화 줄거리 요약

　종합병원의 내과 수련의인 수잔(클레어 포라니 분)은 커피숍에서 매력적인 낯선 남자를 만나게 되고 그들은 첫눈에 서로에게 호감을 느끼며 많은 대화를 나눈다. 그러나 아쉬움을 남기며 이름조차 묻지 않은 채 헤어진다. 그러다 남자는 건널목에서 교통사고로 뜻밖의 죽음을 맞게 된다. 그때 하늘에서 내려온 저승사자 조 블랙(브래드 피트 분)은 죽은 남자의 몸을 빌려, 곧 죽음을 맞이할 기업의 재벌 회장 윌리엄 패리쉬(안소니 홉킨스 분)의 마지막 부탁을 들어주기 위해 얼마간 그 집에 머무르게 된다.

　그러나 그곳에서 공교롭게도 윌의 딸인 수잔을 만나게 되고 수잔은 운명적 만남을 통해 저승사자와 신비한 사랑에 빠지게 된다. 조는 시간이 지날수록 빌의 철학적 조언과 수잔과의 관계를 통해 사랑의 오묘함과 무엇과도 바꿀 수 없는 영혼의 행복감을 몸소 경험하게 된다.

　한편 수잔의 약혼자 드류는 빌의 네트워크 회사를 합병하여 조각내서 최고 입찰자에게 매각할 음모를 꾸미고 있다. 회장인 빌은 회사 합병을 하지 않는 것으로 이사회에 뜻을 밝히지만, 드류는 약혼녀가 조 블랙과 가까워지자 질투심에 불타 이사회에 빌을 해고하도록 종용한다.

그러나 조 블랙이 자기가 국세청 요원이라고 기지를 발휘하면서 슬기롭게 이사회의 오해를 풀게 된다. 곧 빌이 떠날 것을 알아차린 수잔은 조 블랙에게 자신도 데려가 달라고 부탁한다. 그러나 딸이 준비한 빌의 65세 생일파티 불꽃놀이가 시작되며 사랑의 진정한 의미를 깨달은 조는 원래 육신의 주인인 남자를 환생시켜 수잔과 맺어주고 자신은 윌과 함께 떠나게 된다.

● **관전 포인트**

A. 사후세계를 다룬 영화나 드라마는?

◇ 억울하게 죽은 영혼(패트릭 스웨이지 분)이 남아 있는 여인(데미 무어 분)을 그리워하며 원수를 갚는 영화 <사랑과 영혼Ghost, 1990>

◇ 시간을 되돌릴 수 있는 능력을 갖춘 주인공이 운명을 함부로 조정하면 큰 재난도 초래할 수 있음을 깨닫게 되는 영화 <어바웃 타임About time, 2013>

◇ 도깨비(공유 분)의 시공을 넘는 운명적 사랑을 그린 드라마 <도깨비, 2016>

◇ 3명의 저승차사(하정우/주지훈/김향기 분)가 망자의 전생을 변호하며 환생을 하도록 도와주는 한국 영화 <신과 함께, 2018>

B. 죽고 난 뒤 다시 이승의 그리운 사람을 만날 수 있을까?

영화 <신과 함께Along with the Gods, 2017>에서는 소방관인 김자홍이 죽고 나서 자신의 어머니를 잠시라도 만나 전생에서의 잘못을 사죄하고 싶어 한다. 하지만 저승에서 허락되지 않고, 잠시 모래사장의 조각을 통해 어머니의 형상과 재회하게 된다. 결국 살아있을 때 사랑하는 사람, 고마운 사람에게 감사와 사랑의 마음을 전하지 않으면 큰 후회를 할 수 있다는 교훈을 준다.

C. 저승사자인 조 블랙이 인간의 사랑에 대해 궁금해한 이유는?

사람들이 죽을 때 왜 그렇게 애통해하는지에 대한 호기심으로 조가 며칠간 인간의 몸을 빌려 빌의 집에 머물면서 해답을 찾으려고 한다. 자신의 죽은 부인을 절실하게 사랑한 경험이 있던 빌은 조의 조언자 역할을 하게 되고 "인생은 사랑 없이는 아무 의미가 없다. 살면서 진실한 사랑 한번 해 보지 못해 본다면 제대로 산 것도 아니다. 그러니 노력해라. 노력 없이는 얻는 것도 없다. 사랑은 열정이고 집착이다. 그 사람 없이는 못 사는 것, 그게 사랑이다. 서로 죽도록 사랑할 그런 사람을 만나라. 어떻게 찾냐고? 이성은 배제한 채 가슴에 귀 기울여, 마음이 이끄는 대로 하면 돼"라며 사랑이 무엇인지 가르쳐준다.

D. 저승사자가 수잔을 죽음의 세계로 데려가려 하자 빌의 반응은?

수잔을 사랑하게 된 저승사자 조 블랙은 수잔을 죽음의 세계로 데려가려고 한다. 하지만 아버지 빌은 조에게 그건 사랑이 아닌 목표가 없는 사랑의 열병이며 당장이

야 충족시키고 싶겠지만 중요한 건 전부 빠졌다고 비난한다. 신뢰, 책임, 자신의 선택과 감정에 대한 부담감, 평생 약속을 지키겠다는 각오 그리고 무엇보다도 사랑에 상처 주지 않겠다는 배려가 없음을 일깨워준다.

에필로그
—

한 해가 금방 지나가고 새로운 한 해가 돌아오듯 삶은 쏜 화살과도 같이 빨리 지나감을 느낀다. 그러나 거울 앞에 서 있는 자신의 모습을 보며 세월에 변해 버린 모습에 깜짝 놀랄 때도 많다. 나이가 들어갈수록 죽음을 가까이 두고 성찰하고 감사하며 사랑과 나눔의 실천을 통해 생을 아름답게 완성해 나가는 자세가 필요하다. 그러나 사람들은 영화 <프로메테우스Prometheus, 2012>의 재벌 회장처럼 어떤 대가를 치르더라도 불로장생을 욕심부리기도 하고, 가진 것을 더욱 채우려 하다가 비참한 최후를 맞게 되기도 한다. 영국의 극작가 조지 버나드 쇼의 묘비명 "우물쭈물하다 내 이럴 줄 알았다"처럼 후회만을 남기게 될 것이다. 백만장자인 빌은 자신의 딸 수잔에게 "둘 사이에 어떤 감흥도 없고 불꽃도 튀지 않는 죽은 사랑 말고 몸이 붕 뜬 기분이며 이유 없이 흥얼거리고 팔짝팔짝 뛰는 진짜 사랑에 빠져보라"라고 말해 준다. 자신의 사후세계를 미리 엿보고 깨달은 스크루지처럼 그리운 사람에게 전화해서 사랑한다고 말해 보길 기대한다. 영화에서 죽기 전에 자신의 생을 잘 정리할 수 있었던 빌이 부럽게 여겨지는 건 왜일까?

29

적과 아군의 식별법!

굿모닝 베트남Good morning, Vietnam, 1987

프롤로그

—

일상을 살아가면서 적과 아군을 잘 구별해야 지뢰를 밟지 않고 살아남을 수 있다. 하지만 실제로 적과 아군을 이분법으로만 확정하기는 어렵다. 자신과 잘 통하고 비슷한 생각을 하고 있으면 아군, 다른 생각과 철학을 가지고 있으면 적군이라는 생각은 큰 착오를 불러일으킬 수 있다. 영화 <굿모닝 베트남Good morning, Vietnam, 1987>에서 야전방송국 DJ인 주인공이 타국에서 만난 다양한 사람들을 통해 적과 아군은 삶 속에 복잡하게 섞여 있다는 것을 보여준다. 현재 코로나19는 전 인류의 적임이 분명해 보인다. 하지만 코로나19를 통해 인류는 그동안 반복하던 이기적 관계를 반성하고 서로

협조하게 되고, 공해로 찌
든 하늘이 맑게 변해 가는
점에서 아군일 수도 있다는
생각이 든다. 만일 당신에
게 쓴소리하는 사람이 있
다면, 당신을 구해 줄 진
정한 아군일 수 있다고 생
각해 봐야 한다.

● 영화 줄거리 요약

사이공의 야전 방송국 DJ로 전입해 온 에드리언 크로나워(로빈 윌리
엄스 분)는 첫날부터 상부의 통제를 따르지 않고 그만의 자유롭고 독특
한 방식으로 풍자와 코미디를 버무려 라디오방송을 진행하자, 뜨거운
정글에서 전쟁에 지쳐 있던 병사들은 큰 활기를 얻게 된다. 하지만 그
의 직속 상사인 딕커슨 특무상사와 정훈장교 호크 소위는 엄청난 거부
감을 가지고 그를 예의주시한다. 한편 길에서 우연히 마주친 베트남
여인에게 호감을 느낀 에드리언은 그녀에게 접근하기 위해 마을 영어
교실의 강사로 참여하고 그녀의 남동생 투안과도 친해진다. 어느 날
미군 클럽 술집에 갔던 그는 투안의 도움으로 테러의 위기에서 벗어났
지만 다른 미군들이 사망하는 현장을 목격하고 흥분한 나머지 방송국
으로 돌아와 검열되지 않은 폭탄테러 사건을 실시간 뉴스로 방송하다
가 결국 DJ 자리에서 쫓겨난다. 얼마간의 근신 기간 중 그는 투안의
배려로 베트남 주민들이 사는 농경에서 지내며 자신을 돌아보게 된다.
에드리언을 따르던 가릭 일병(포레스트 휘태커 분)의 노력으로 다시 복직
이 허용되지만, 자신의 입에 재갈을 물린 방송 정책에 회의감을 가져

179

방송 복귀를 거부한다. 하지만 가릭 일병은 그를 태우고 가던 길에서 미군들을 태운 트럭이 고장 난 차로 인해 잠시 멈춘 사이에, 전설적인 에드리언을 소개하고 그를 사랑하는 병사들의 환호 속에 다시 마이크를 잡을 용기를 준다. 하지만 그가 아끼던 베트남 친구 투안이 베트남의 게릴라 부대인 베트콩이라는 것이 밝혀지면서 그는 적을 친구로 둔 혐의로 안타깝게도 베트남을 떠나야만 한다.

● 관전 포인트

A. DJ 에드리언은 어떻게 베트남으로 전입해 오게 되었나?

사이공의 야전부대장 테일러 장군은 과거, 크레타섬에서 에드리언이 진행하던 쇼를 보고 웃다가 심장마비에 걸릴 뻔한 좋은 인상을 느끼고 있었고, 베트남에서 잔혹한 전투와 테러에 찌든 병사들의 사기를 올리기 위해 그리스 크레타섬에 근무하던 에드리언을 DJ로 불러오게 된다.

B. 특무상사 딕커슨은 어떤 사람인가?

특무상사 딕커슨은 특공대 엘리트들을 지휘하던 융통성이 없는 군인이며 전립선 질환으로 이곳 사이공 후방부대에 오게 되었다. 그는 에드리언에게 "난 네 스타일, 정치신념, 유머 감각, 네 말하는 방법과 내용이 싫다"며 자유분방한 에드리언을 못마땅하게 여겨 사사건건 트집을 잡다가 결국 '전선의 군인들을 인터뷰하는 프로그램' 진행에 에드리언이 진행자로 간다는 말을 듣고, 이미 베트콩에게 넘어간 위험한 지역임을 알면서도 '안락' 지역으로 에드리언을 보내서 제거하려고 시도하는 미치광이 같은 인물이다. 에드리언과 가릭 일병은 베트콩의 공격을 받고 지프가 전복되었지만, 베트남 친구 투안의 도움으로 미군 헬리콥터 편으로 사지에서 간신히 살아 돌아오게 된다.

C. 에드리언이 첫눈에 반한 베트남 여인은?

에드리언은 사이공 도착 첫날부터 반한 베트남 여인 트린의 마음을 얻기 위해 베트남 시민들을 위한 마을 영어교실의 강사로 합류하여 트린의 동생과도 친해지고 마을 주민들과도 각별해지지만, 트린은 자신의 조국을 짓밟은 미국인과는 결코 사랑할 수 없다는 강한 신념으로 결국 이별을 맞게 된다.

D. 사이공에서 가장 친했던 투안과의 특별한 관계는?

영어교실에서 만난 트린의 동생 투안과는 상당히 친한 친구로 발전하게 된다. 하지만 어느 날 자주 가던 미군 전용 술집인 '지미와' 술집에서 혼자 술을 마시던 에드리언을 찾아온 투안은 다짜고짜 그를 데리고 나가고, 연이어 그 술집은 베트콩에 의해 폭탄테러를 당해 미군 2명이 죽고 여러 명이 다치는 사고가 발생한다. 나중에 투안이 베트콩이라는 것을 알고 분노한 에드리언이 그를 향해 "넌 내 친구였어, 난 널 믿었어. 그런데 내 가장 친한 친구는 적이었어!"라고 절규하자, 트린은 "적이 뭐죠? 당신들은 먼 길을 와서 내 동포들을 죽였어요. 우리가 아니라 당신들이 적이에요. 당신들 눈엔 우린 인간이 아니라 쬐그만 적일 뿐이죠. 그런데 난 어리석게도 당신을 구해 줬죠"라며 입장에 따라 적의 개념이 다르다는 것을 통렬하게 알려준다.

E. 에드리언이 사이공을 떠나면서 남긴 것은?

◇ 소프트볼 게임: 그동안 영어교실의 베트남인들이 가르쳐달라던 소프트볼을 마지막으로 가르치기 위해 공 대신 열대과일인 자몽을 활용하여 학생들과 즐겁게 소프트볼 게임을 하며 그들에게 좋은 추억을 선사한다.

◇ 마지막 방송녹음: 에드리언은 동료인 가릭 일병에게 자신의 마지막 방송이 녹음된 테이프를 주며 자신의 방송을 사랑하던 전선의 병사들에게 특유의 풍자와 재미를 더한 '굿바이 베트남 편'을 선물한다. 그 내용에는 "국내나 국외에 제대로 된 일은 미군이 한 일이 아니죠"라며 검열관을 통과하지 않은 신랄한 내용을 흘려보내기도 한다.

F. 테일러 장군이 내린 마지막 결정은?

특무상사 딕커슨의 집요한 모함으로 결국 에드리언이 떠나게 되자, 테일러 장군은 딕커슨 상사에게 "난 자네가 좀 미친 것 같아서 여태껏 데리고 있었는데 자넨 미친 게 아니라 잔인해. 이곳은 수술실이 아니라 방송국이야"라며 융통성도 인간미도 없는 그를 괌으로 전출시켜 버린다.

에필로그

영화 <굿모닝 베트남>에서는 정치적 이념 때문에 시작된 전쟁에서 서로 아무 적개심이 없는 사람에게 총을 쏘고 살인을 해야 하는 인간의 무모함을 느끼게 된다. 그런 전쟁에는 흑백논리로 가득한 국가최고 지도자들의 이기심과 그를 추종하는 부하들이 명령 복종을 통한 개인적 성공 욕구 충족이 동시에 작동하는지도 모른다. 제2차 세계 대전 당시 히틀러는 노르망디상륙작전으로 전세가 불리해지자, 퇴각하면서 지역 사령관 콜티츠 중장에게 파리의 노트르담 사원, 루브르 박물관, 나폴레옹의 앵발리드 기념관 등 모든 문화재를 폭파하라고 지시하고 독일로 돌아간 뒤에도 "파리는 불타고 있는가?"라고 폭파를 재촉했지만, 사령관인 콜티츠는 인류의 가장 숭고한 문화유산을 불태우지 않고 연합군에게 고스란히 물려주는 용기를 발휘하였다. 그는 진정한 적이 누구인지 양심의 소리로 알아낸 것이다. 어제의 적은 오늘의 친구가 되는 것을 역사에서 보여주듯 영원한 적은 없다. 오늘 우리가 혐오하는 적을 공생의 친구로 만들 수 있는 해법은 없는지 고민해 보는 시간이 필요하다.

30
삶이 머물던
라스베가스를 떠나며!*

라스베가스를 떠나며Leaving Las Vegas, 1995

프롤로그
—

사람들은 원하는 사랑을 얻기 위해 자신의 멋진 모습만을 포장하여 호감을 얻어내려 애쓴다. 그러다가 본래 실체가 드러나버리면 차가운 이별의 슬픈 날이 찾아온다. 영화 <라스베가스를 떠나며Leaving Las Vegas, 1995>에서는 정신적, 육체적, 사회적으로 망가질 대로 망가진 남녀가 만나서 고독과 공포와 고통을 공감하고 마지막 남은

---

* 라스베가스의 규범표기는 라스베이거스이나 이 책에서는 영화 제목에 따라 라스베가스로 표기하였다.

사랑을 불태운다. 있는 그 대로를 인정하면서 시작했기에 원망보다는 상처에 대한 이해와 위안의 동행이다. 지난 이태원 클럽 신드롬에서 인간의 깊은 외로움을 발견하게 된다. 바이

러스 위험이 있는지 알면서도, 고독이 너무나도 깊기에 발걸음이 고독을 달랠 수 있는 그곳으로 향하게 된 것이다. 현대 문명으로 눈부시게 발전한 편리한 삶의 환경이지만, 그 속에 사는 사람들은 반려동물과 텔레비전만이 유일한 말동무가 된 상황에서 깊은 고독을 치유하기 위해 몸부림친다. 이것이 바로 현대인의 자화상이기도 하다.

● 영화 줄거리 요약

할리우드의 잘나가던 시나리오 작가였던 벤(니콜라스 케이지 분)은 어느 시점부터인가 알코올에 빠지게 되면서 직장에서 해고당하고 가족에게도 버림받는다. 더는 인생의 희망이 없던 그는, 가진 돈을 다 털어서 환락의 도시 라스베가스로 향한다. 그곳에서 4주 정도 실컷 술에 만취되어 살다가 자연스럽게 이 지옥 같은 삶에서 해방될 수 있을 거라는 막연한 상상을 한다. 하지만 그곳에서, 이미 희망 없는 삶이 익숙해져 있던 거리의 여자 세라(엘리자베스 슈 분)를 만나 내일을 기약하지 않는 조건으로 암울한 사랑을 나누게 된다.

벤은 대화를 나눌 수 있는 사람이 필요했으며 세라 또한 외로움을 견딜 누군가가 필요했기에 동질감과 연민을 느낀 두 사람은 서로의 삶을 간섭하지 않는다는 조건으로 동거를 시작한다. 하지만 애초부터 미

래의 희망을 접었던 두 사람은 사랑이 깊어질수록 행복은 서서히 무너져내리게 된다. 세라의 관심과 애정이 깊어지자 벤은 의도적으로 다른 여성을 불러들여 그녀를 냉정하게 대하며 떠나보내려 한다. 하지만 마지막 순간 그녀에게 자신이 깊은 수렁에서 허우적거릴 때 천사같이 나타나 함께 고독한 시간을 보내준 의미로 감사의 인사를 전한다. 이에 세라도 벤과의 시간이 분명 사랑이었음을 인정하고 마지막 포옹으로 떠나보낸다.

죽음을 생각하면 이 순간의 삶이 더욱 소중해지듯이, 그들이 보여준 짧고 희망 없던 슬픈 사랑은 현대인들에게도 언젠가 닥칠 수 있는 사랑의 절실함을 생각해 보게 한다. 알코올 중독자를 실감 나게 연기한 주인공 니콜라스 케이지는 이 영화로 아카데미 남우주연상을 받았다.

● 관전 포인트

A. 라스베가스에서 만난 두 사람의 동거 조건은?

벤은 세라의 직업(거리의 여자)에 대해 간섭하지 않는 것이고 세라는 벤에게 절대 술을 그만 마시라는 말을 하지 않는 것You can never ever ask me to stop drinking이다. 하지만 세라는 점점 더 죽음으로 치닫고 있는 벤에게 술을 그만 마시고 병원치료를 받자며 정해 놓았던 선을 넘게 되고 그들은 서서히 이별을 맞이하게 된다.

186

B. 두 사람이 사랑할수록 힘들어진 이유는?

라스베가스에서 만난 두 사람은 잠시나마 행복을 느끼지만, 그 행복은 그리 오래가지 못한다. 왜냐하면, 그들은 서로를 사랑하기 시작했기 때문이다. 사랑하면서 관심과 구속이 깊어졌고, 벤과 오랫동안 함께하고 싶어진 세라를 향한 그의 비이성적인 행동에 그녀는 너무나도 깊은 슬픔에 빠져버린다.

C. 세라가 벤에게 준 선물은?

벤을 사랑하면 할수록 그를 병원에 보내서 회생을 시도하려 하지만, 그것은 관계를 끝내려는 시도와 같다. 그때 그녀는 벤을 위해 휴대용 위스키병(힙 플라스크)을 선물한다. 세라는 "난 그의 모습 그대로를 받아들였죠. 난 그가 변하기를 바라지 않았어요. 그도 저와 같은 느낌이라고 생각해요. 난 그의 삶을 사랑해요"라고 말한다. 그가 고독과 공포와 고통이 가득한 삶 속에서 벗어날 수 있는 유일한 통로는 술이라는 것을 잘 알고 있었다.

D. 벤이 세라를 진정 사랑하는 대목은?

알코올 중독자인 자신을 진심으로 위로하는 세라에게 "당신은 하늘에서 내려온 천사처럼 느껴져, 내가 항상 취해 있어서일까, 왜 진작 당신하고 못 만났을까"라며 세라에게서 진정한 사랑의 감정을 느낀다. 이미 모든 것이 늦어버렸지만 벤은 세라가 있기에 전혀 외롭지도, 슬프지도 않다. 벤은 마지막 임종 때 세라를 전화로 불러 자신의 마지막을 함께해 준 세라에게 깊은 감사와 사랑을 전한다.

E. 영화에서 제시하는 사랑의 색깔은?

절망 속에서 만난 두 사람을 사랑이라는 감정을 통해서 한 줄기 빛을 보여주며, 사랑이라는 명제에 대해 '상대방에 대한 배려'를 제시하고 있다. 벤을 진정으로 사랑하고 아픔과 고통을 묵묵히 가슴속으로 참아가는 세라의 모습은 화려하거나 아름다운 사랑은 아니지만 조건 없는 순수한 사랑이었다.

에필로그

인간은 파릇파릇한 청춘의 시기에 서로 뜨겁게 사랑하고 가정을 이루고 오래오래 행복하게 사는 것이 삶의 목표였다. 하지만 삶이 복잡해지면서 사랑으로 모든 삶의 고통을 해결하기가 불가능해진 시대가 도래하였다. 그래서 이제 각자의 방식대로의 길을 만들고 살아가는 사람들이 많아졌다. 결혼보다는 혼자서 할 수 있는 많은 것들을 추구하고 즐기면서 인생을 살아가는 길을 모색한 것이다. 그만큼 옛날처럼 가정을 위해 자신을 삶을 희생하면서 살고 싶지 않은 마음도 있다. 하지만 아이러니하게도 영화 <라스베가스를 떠나며>에서는 마지막 낭떠러지로 향해 달려가던 벤도 결국 가장 행복했던 기억은 가족과 가정이었다는 것을 보여준다. 마치 남인수의 노래 '청춘고백: 헤어지면 그리웁고 만나보면 시들하고 몹쓸 것 이내 심사/믿는다 믿어라 변치말자 누가 먼저 말했던가 아아 생각하면 생각사로 죄 많은 내 청춘'의 가사처럼 사람의 행복과 사랑에 대한 감정은 복잡 미묘하고 주관적이라 오랜 시간이 지나도 정답이 없고 본인의 철학과 판단에 따를 수밖에 없다. 하지만 현대인 누구라도 잘나가다가 어떤 계기로 인생의 낭떠러지인 '라스베가스'로의 여행을 떠날 수 있기에 지금의 삶은 더욱 소중한 것이다.

31

아프리카의
아름다운 추억!

아웃 오브 아프리카Out of Africa, 1985

프롤로그

—

더 많은 것을 가지려 집착할수록 삶은 더 각박해져 간다. 모두가 살고 싶어 하는 고급 아파트도 어떻게 보면 자연의 공간 위에 존재하는 한낱 바람에 지나지 않는다. 영화 <아웃 오브 아프리카Out of Africa, 1985>에서는 선진국보다 문명이 뒤떨어진 아프리카에서의 삶과 사랑이 문명국인 유럽보다 더욱더 행복할 수 있다는 것을 주인공들의 사랑, 우정, 격려를 통해서 보여

준다. 또한 포기하고 싶은 역경 속에서도 누군가의 따뜻한 진심이 담긴 선물을 통해 삶을 지탱할 힘을 얻게 된다는 것을 배우게 된다.

[원작: 덴마크 출신의
필명 이삭 딘슨(본명: 카렌
블릭슨)이 1937년 발표한 소
설로, 케냐의 커피 농장에
서 영국인 모험가 데니스
핀치 해튼과 운명적인 사
랑 그리고 진한 아프리카

대륙에서의 추억이 깃든 20년 세월의 회상이자, 저물어가는 유럽 제국
주의의 죽음과 추방, 야만, 아름다움, 그리고 인간의 투쟁을 생생하게
묘사한 자전적 소설이다. 영화는 아카데미상 7개 부문(작품상, 감독상, 각
색상, 촬영상, 미술상, 작곡상, 녹음상)을 석권하기도 하였다. 1936년 발표된
남북전쟁의 배경으로 한 마거릿 미첼의 <바람과 함께 사라지다Gone
with the wind>에 나오는 강철 여인 스카렛과 레트의 사랑만큼이나 강
렬한 느낌을 준다.]

● **영화 줄거리 요약**

막연하게 아프리카라는 대륙을 동경하던 덴마크 부호의 딸 카렌(메
릴 스트립 분)은 1913년 케냐에 있는 블릭센 남작과 결혼하기 위해 자신
의 농장이 있는 아프리카로 건너간다. 하지만 사랑 없이 시작된 결혼
생활과 경험 없던 커피 농사는 외롭고 고달픈 삶으로 이어진다.

제1차 세계대전이 터지자 남편은 카렌의 만류에도 불구하고 도망
치다시피 전쟁터로 떠난다. 그러던 어느 날, 초원에 나갔다가 사자의
공격을 받을 뻔한 카렌을 데니스(로버트 레드포드 분)가 구해 준 것을 계
기로 두 사람은 가까워진다. 힘든 아프리카 생활에서 탐험가이며 자유
로운 영혼 데니스는 그녀에게 큰 위안을 준다. 결국, 자신에게 불임의

고통을 안겨준 남편과 이혼 후 데니스와 함께하기를 원하지만 자유로운 그를 붙잡아둘 수 없다는 것을 알게 된다.

그러던 어느 날 수확기를 맞은 카렌의 커피농장에 불이 나서 모든 것을 투자해서 일구어 놓은 커피농장이 재로 변하고 실의에 빠진 카렌을 위해 데니스는 그녀의 고향인 덴마크로 가는 몸바사까지 태워주기로 한다. 하지만 태우러 오던 도중 비행기 사고로 데니스는 세상을 떠나고, 카렌은 고향으로 돌아가 아프리카에서의 사랑과 추억을 소설로 쓰게 된다.

● 관전 포인트

A. 카렌이 불임을 겪는 이유는?

자신의 돈을 보고 결혼한 남편 블릭센 남작은 카렌과 약속한 목축업 대신 고지대에서 키우기 힘든 커피 농사를 짓겠다고 카렌을 실망하게 하더니 농장일에는 통 관심이 없고 사냥을 한답시고 방탕한 생활을 일삼는다. 더욱이 블릭센은 전쟁터에 나가서 얻은 나쁜 병을 카렌에게 옮기게 되고 그로 인해 카렌은 아이를 가질 수 없는 몸이 된다. 그 후 블릭센은 다른 돈 많은 여자를 얻기 위해 카렌에게 이혼을 요구한다.

B. 데니스는 어떤 사람인가?

데니스는 여러모로 남편인 블릭센과는 대조적인 남자이다. 그는 아프리카의 자연과 사람을 사랑한다. 모차르트의 음악을 즐겨 들으며 경비행기를 타고 광활한 아프리카의 초원을 나르며 인생과 사랑에 관해 애기할 줄 아는 멋진 남자이다. 사랑하는 여인 카렌의 문학적 감수성을 알아보고 펜을 선물하면서 글을 써보라고 격려하기도 하고, 길을 잃어버리지 말라고 나침반을 선물하기도 하는 배려심 있는 신사이다.

C. 데니스와 카렌의 생각의 차이는?

◇ 카렌은 데니스를 사랑하면서 결혼을 원한다. 하지만 바람처럼 자유로운 영혼의 소유자인 데니스는 "다른 사람의 방식대로 삶을 살고 싶지 않다. 어느 날 데니스 자신을 다른 사람의 삶의 끝에서 발견하고 싶지 않다"며 서로를 소유하려 하지 말고 자유롭게 만나자고 카렌에게 제의한다.

◇ 카렌은 원주민 아이들에게 선교를 통해 영어를 가르쳐 문명을 전수하려 하지만, 데니스는 아프리카 원주민들에게 문명이 없는 것이 아니라 단지 글로 쓰지 않는 것일 뿐으로 더 아름답고 훌륭한 자연적인 문명이 있다고 강조한다. "우리는 이곳의 소유주가 아니오, 그저 지나가는 사람들일 뿐이오We are not owners here, we are just passing through"라며 아프리카인들이 작은 영국 신사가 되는 것이 바람직하지 않다고 말한다.

D. 데니스가 카렌을 사랑하는 마음을 보여주는 표현들은?

◇ 힘든 커피 농사와 남편의 배신으로 실의에 빠진 카렌을 자신의 복엽 경비행기에 태워 아프리카의 케냐의 광활한 사바나의 푸른 대초원과 장엄한 석양, 산, 바다의 아름다운 풍경과 함께 살아가

193

는 자연의 모든 생명체를 신의 눈으로 볼 수 있도록 함으로써 삶이 얼마나 위대하고 가슴 벅찬 것인지 직접 체험하게 해 준다.

◇ 모차르트를 사랑하던 데니스는 초원에서 야영하면서 축음기로 모차르트 '클라리넷 협주곡 2악장'을 틀어 사랑하는 여인에게 아프리카 대륙의 아름다움과 자신의 열정을 담아 위로해 준다. [이 곡은 모차르트가 세상을 떠나기 두 달 전인 1971년 10월에 완성한 곡으로 클라리넷의 음역을 극한까지 넓혀 연주상의 기술을 충분히 잘 살려낸 곡으로 영롱하면서도 아련한 선율이 큰 감동을 준다.]

◇ 카렌의 머리를 정성껏 감겨주며 자신이 사랑하는 여인에게 모든 것을 망설임 없이 표현하는 모습에서, 여성이 사랑받을 때 느끼는 가장 행복한 순간을 선사한다.

◇ 남편이 배신하고 더 나아가 아프리카 척박한 땅에서의 커피 농사를 힘들게 지었으나, 불이 나서 모든 것이 재가 되는 등의 삶의 고난 속에서 좌절할 때마다 데니스가 선물한 아름다운 추억들로 카렌은 다시 일어설 수 있었음을 고백한다.

E. 커피농장이 불타고 떠날 때 원주민들을 위해 헌신하던 카렌의 모습은?

자신의 모든 것이던 커피농장과 수확물이 불타고 사라진 참담한 상황에서도, 카렌은 케냐로 새로 부임한 총독을 찾아가 원래부터 키쿠유족 원주민들의 땅이며 삶의 터전인 농장에서 살아갈 수 있도록 무릎을 꿇고 부탁한다. 이에 총독이 망설이자, 총독의 부인은 카렌의 모습에 감동하여 자신이 책임지고 부탁을 들어주겠노라고 약속한다.

에필로그

　데니스는 푸른 하늘을 날면서 사랑하는 여인의 손을 맞잡는 자유
로운 영혼의 남자였다. 아프리카 자연 속에 있는 모든 것들을 있는 그
대로 즐기고 카렌을 뜨겁게 사랑했지만, 영혼이 떠날 때 오직 카렌의
추억 속에 남겨준 그의 욕심 없는 모습에서, 우리 현대인들의 삶은 언
제까지나 강하게 소유하려고만 하는 집착과 갈등으로 새삼 힘겨워질
수밖에 없다는 안타까운 생각을 하게 된다. 데니스가 묻힌 나무 곁에
마사이족 카누티아의 정령과 사자들이 그의 영혼을 위안하던 마지막
장면에서, 우리는 아무것도 소유하지 못하는 인생의 엔딩에서 바람처
럼 그냥 스쳐 지나가더라도, 누군가에게 잊히지 않는 소중한 기억의
존재가 되기를 기대해 본다.

32

자유를 향해 쏴라!

내일을 향해 쏴라Butch Cassidy and the Sundance Kid, 1969

프롤로그

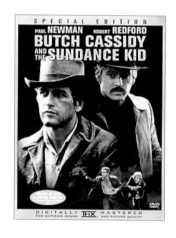

　자유로운 삶이란 무엇일까? 바로 거침없이 달려가는 열정과 순수한 영혼을 지닌 삶일 것이다. 부와 명성을 가지면 가질수록 더 많은 것을 얻기 위해 욕심을 내는 현대인을 보면서 과연 그것이 '진정한 자유로움일까, 쇠사슬 가득 묶인 구속일까' 생각해 본다. 지나간 날과 오지 않은 미래를 위해 현재의 소중한 삶을 포기하고 살지는 않는지 생각해 보게 하는 영화 <내일을 향해 쏴라Butch Cassidy and the Sundance Kid, 1969>는 법과 제도적 속박에서 벗어나기 위해 세상을 도망 다니던 주인공들이 결국 자유를 위해 죽음을 향해 총을 쏘며 달려 나간다. 일도 사랑도 거침이 없던 그

196

들을 보면서 저런 무모함과 용기는 어디서 생길까 궁금한 적이 있었다. 그런 모습은 이소룡의 영화 <정무문Fist of fury, 1972>에서도 볼수 있다. 자신이 소중하게 지키고 싶었던 것을 위해 일본군들이 총을들고 서 있는 정무문을 향해 혈혈단신으로 용맹스럽게 달려나가는 모습은 뜨거운 삶의 한 장면으로 오랫동안 기억된다. <내일을 향해 쏴라>에서 두 주인공이 자유로의 귀환을 위해 죽음을 향해 달려가던 장면에서, 죽음도 인간의 희망과 유머를 빼앗을 수 없다는 것을 보여준다.

[영화의 의미: 로버트 레드포드를 명사의 반열에 올리고 극 중 인물의 이름을 따서 Sundance 영화제(독립영화를 다루는 권위 있는 국제영화제)를 창설하는 데 기여했다. 조지 로이 힐의 명작으로 '서부의 종말'이라는 코드를 계승해 애상의 정서를 조명한 영화로 부치 캐시디와 선댄스 키드가 실존 인물이었고, 영화가 실화에 상당 부분 기초하고 있어서 사라진 과거를 현재로 다시 불러오는, 사진을 그림 형식으로 보여줌으로써 지나간 시간을 복기하는 형식의 영상미 높은 작품이다.]

● 영화 줄거리 요약

1890년대 미국 서부, 부치 캐시디(폴 뉴먼 분)와 선댄스 키드(로버트 레드포드 분)는 갱단을 이끌고 은행만 전문적으로 터는 은행 강도들이다. 그러나 사람들을 해치는 것을 최대한으로 피하는 양심적인 강도들로, 보스인 부치는 머리 회전이 빠르고 인심은 좋지만, 총은 그다지 잘 쏘지 못한다. 반면 선댄스는 부치와는 정반대로 구변은 별로 없지만, 총솜씨는 당해 낼 사람이 없다. 미래에 대한 희망도 없이 돈이 생기면 써버리고 없으면 은행을 터는 그들이지만 세상을 바라보는 눈은 매우 낙천적이며 낭만적이기도 하다.

그러던 어느 날 부하들이 부치를 몰아내기 위해 반기를 드는데 부치는 특유의 구술과 임기응변으로 잘 마무리한다. 그러다 몇 차례 열차를 턴 것이 화근이 되어 부치와 선댄스는 추격의 귀재인 볼티모어 경의 표적이 되어 할 수 없이 볼리비아로 간다. 하지만 그들이 생각했던 것보다 가난한 나라로 영어가 통하지 않자 부치와 선댄스는 연인 에타(캐스틴 로스 분)에게서 스페인어를 배운다. 이후에도 은행을 털고 도망치고를 반복하는 생활이 이어진다. 하지만 이곳까지 이들을 체포하러 온 와이오밍의 보안관 조 러포얼즈에게 잡혀갈 빌미를 주지 않기 위해 강도질을 그만두고 정당한 직업을 찾아 주석광산의 노동자에게 지급할 봉급을 호송하는 일을 맡게 된다.

그러던 어느 날 부치와 선댄스는 은행에 돈을 찾아 돌아오는 길에 산적들에게 습격을 받지만, 오히려 산적들을 모두 소탕하게 된다. 이후 마을에 내려와 식사하는 도중 한 소년이 이들이 탄 말의 표식을 보고 경찰에 신고하는 바람에 부치와 선댄스 그리고 경찰과의 사이에서 총격전이 벌어진다. 부치와 선댄스는 총상을 입고 막다른 곳으로 피신하는데, 그곳으로 경찰의 신고를 받은 군대가 출동한다. 수백 명의 군

198

인이 밖에서 자신들을 에
워싸고 있는 것도 모르는
채 이번엔 "호주로 가자"
는 계획을 세우고 권총을
치켜들고 밖으로 뛰쳐나온
다. 이후 군 지휘관의 사격
명령 소리와 함께 비 오듯
퍼붓는 총탄들의 사이로 그들의 마지막 모습이 기념사진처럼 멈춰진다.

● 관전 포인트

A. 주인공들이 악당으로 보이지 않는 이유는?

언변이 뛰어나고 늘 유쾌한 부치와, 과묵하지만 총솜씨가 일품인 선댄스는 갱단의 실력자로 패거리를 이끌고 강도질을 일삼는다. 그러나 이들의 범죄행위는 밉지 않고 오히려 어딘지 모르게 유쾌해 보인다. 갱단이 은행이 아닌 열차를 새로운 표적으로 하여 야만과 혼란의 서부를 문명과 질서의 동부로 대체하는 역사의 변화를 시각화하여 공간 이동에 따른 비주얼과 스타일의 변화를 준 이유이기도 하다.

B. 주인공과 대비되는 캐릭터는?

자본과 권력의 대명사 '유니온 퍼시픽 사'의 열차를 터는 과정에서 두 번이나 반복해서 만나는 사무원 우드콕은 전형적인 모범생 타입이다. 그는 부치와 선댄스처럼 자본과 권력에 구속당하지 않는 자유로운 배가본드로 확연히 대비되는 현실 속에서 살아가는 현대인의 모습으로 비치기도 한다.

C. 철도회사가 부치와 선댄스를 잡기 위해 한 시도는?

실제로 철도회사는 핑거튼 탐정사무소를 고용해서 추격을 의뢰했다고 한다. 긴 호흡으로 도주 경로를 비추는 장면에서 제대로 비춰주지 않는 추격대의 존재는 동부의 도시적 질서가 미치지 않은, 점과 선이 아직 닿지 않은 '면'을 잠식해 들어가는 초월적인 힘을 상징한다. 부치와 선댄스는 추격의 귀재 볼티모어 경의 막강한 추격대에 사력을 다해 도피한다.

D. 정상적인 일을 했지만, 생활고에 빠진 이유는?

추격대를 피해 뉴욕을 거쳐 막연한 기대감으로 볼리비아로 간 일행은 생활고로 광산 일을 구하지만, 이들에게 지급될 봉급은 그들 자신이 은행을 털었던 이유로 받기 어려운 자승자박의 상황에 빠지게 된다. 결국, 법과 제도의 외부로 빠져나오려는 이들도 거스를 수 없는 자본과 상업의 현실적 논리가 압력으로 작용한 것이다.

E. 주인공들이 막다른 곳으로 몰린 이유는?

부치와 선댄스가 들판이나 산속에 있을 때는 경찰들이 그들을 잡지 못한다. 그러나 분지인 산 비산테 마을의 마지막 총격전에서 경찰과 군대는 주인공들을 궁지에 몰아넣는 데 성공한다. 자유롭던 이들은 열린 공간이 아닌 닫힌 공간에 들어오면서 힘을 잃게 된 것이다. 세상의 밖으로 나와서 멋대로, 내키는 대로 살려고 하지만 밖으로 나가는 길은 봉쇄되어 있었고, 유랑의 길을 전전한다 해도 그들을 받아줄 곳은 없었다. 도망을 거듭하던 그들은 마침내 죽음을 통해 자유를 얻게 된다.

에필로그

—

영화의 주인공들은 현실적인 계산이나 미래에 대한 욕심 없이 오직 자유로운 영혼을 위해 거침없는 삶과 죽음을 선택한다. 그만큼 자유는 그들에게 소중한 가치이다. 현대사회에서 많은 것들을 소유하기에 자유로움보다는 구속의 시간을 보내는 현대인들의 모습과 대비된다. 부치가 에타를 자전거에 태우고 돌 때 나오던 경쾌한 주제곡 'Rain drops keep falling on my head'에서 [우울하게 괴롭히는 상황도 나를 꺾진 못해, 울음은 나와 맞지 않아/오래지 않아 행복이 다가와서 나를 반길 거야/불평한다고 비가 그칠 것도 아니고/내 마음은 자유로워, 내겐 아무 걱정도 없는 걸]처럼, 역경에 굴하지도 우울해하지 않고 희망과 유머를 가지고 달려가는 그런 모습이 우리에게 자유의 소중함을 일깨워준다.

201

33
절실한 삶의 약속!

누구를 위하여 종은 울리나For whom the bell tolls, 1943

프롤로그

—

　　우리는 삶이 힘들다고 무작정 포기하거나 도망칠 수 없다. 영화 <누구를 위하여 종은 울리나For whom the bell tolls, 1943>에서 주인공은 전쟁에서 동료와 사랑하는 여인을 떠나보내고, 부상을 입은 몸을 이끌고 홀로 적군들을 향해 총알을 퍼부으며 동료들을 엄호한다. 주인공은 자신을 전쟁터에 두고 가지 않으려는 사랑하는 여인을 향해 자신의 삶까지 행복하게 살아주기를 호소하는 장면을 볼 수 있는데, '그녀가 곧 자신이고, 자신이 곧 그녀인 사랑의 일체감'을 깊이 공감하게 된다. 누구나 살다 보면 힘든 순간을 맞이하지만, 오늘의 삶이 누군가의 희생 위에 이루어진 것을 안다면 나도 누군가를 위해 끝까지 삶을 영위할 책임이 있다는 것을 잊어서는 안 된다.

[어니스트 헤밍웨이: 20세기 미국 문학을 대표하는 대문호이다. 40여 년간 문필 활동을 통해 "무기여 잘 있거라"(1928), 노벨문학상 수상작인 "노인과 바다"(1952)를 남겼다. 헤밍웨이는 실제로 스페인 내전에 종군기자로 참전한 경험을 통해 "누구를 위하여 종은 울리나"(1940)를 집필했다. 이 소설의 제목에 영감을 준 17세기 영국 시인 존 던의 시에는 "어떤 이의 죽음도 나 자신의 소모려니 그건 나도 또한 인류의 일부이기에, 그러니 묻지 말지어다, 누구를 위하여 종은 울리느냐고, 종은 바로 그대를 위하여 울리는 것이다Any Mans Death Diminishes Me, Because I am Involved In Ja mankinde and Therefore Never Send To Know For Whom The Bell Tolls It Tolls For Thee"라고 적혀 있다.]

● 영화 줄거리 요약

1937년 파시스트와 공화정부파로 갈라져 싸우던 스페인 내전에 미국 대학 강사인 로버트 조단(게리 쿠퍼 분)은 정의와 자유를 위해 공화정부파의 의용군에 투신하여 로베르토라는 이름으로 게릴라 활동에 동참한다. 상관 골스 장군은 폭파전문가인 조단에게 적군의 진격로인 산중의 대철교를 3일 후에 폭파하라고 지시한다. 조단은 안셀모라는 늙은 집시의 안내로 목적지에 찾아간다. 철교를 폭파하기 위해서는 이 산악지방 집시의 힘을 빌리지 않고서는 불가능하지만, 집시의 두목 파

블로는 자신들의 안전을 위해 선뜻 조단에게 협력하려 들지 않는다. 이에 조단은 파블로의 아내 필라와 일을 협의하게 되는데, 마침 반군에 강한 거부감을 가지고 있던 그녀는 자진해서 집시들을 지휘하여 이 계획에 원조할 것을 제의한다. 파블로의 부하는 전원 필라의 명령에 따라 착착 계획을 진행한다. 그러던 중 조단은 스페인의 소녀 마리아(잉그리드 버그만 분)와 운명적 사랑에 빠지게 된다. 드디어 작전을 착수하는 이른 아침, 조단 일행은 철교 폭파에 성공한다. 그러나 퇴각 과정에서 조단이 말을 몰고 달리는 순간, 적군의 포화에 쓰러지고 만다. 마리아는 쓰러진 그의 몸에 매달려 울며 떠나려 하지 않지만 조단은 그녀에게 떠날 것을 설득하고, 필라는 강제로 그녀를 끌고 떠난다. 홀로 남은 조단은 최후의 기력을 다해 뒤쫓는 적군에게 마지막 총탄을 퍼붓는다.

● 관전 포인트

A. 파블로가 조단에게 비협조적이었던 이유는?

이방인인 미국인의 참전에 대해 의구심을 품게 되었고, 자신들의 은신처와 가까운 교량 폭파는 위험하다고 작전 수행을 거부하지만 필라가 자신이 대장이라며 작전을 밀어붙이게 된다. 집시 특유의 촉을 가지고 있던 필라는 조단이 마리아를 좋아하는 것을 눈치채고 조단의 손금을 살펴보게 된다. 하지만 이윽고 미래에 닥쳐올 불행을 인식하고 표정이 굳어진다. 급기야 교량 폭파 작전을 눈치 챈 반란군은 독일과 이탈리아의 공군 지원까지 받게 되자 게릴라들은 당황하게 된다.

B. 다른 게릴라부대를 찾아간 이유?

조단과 마리아는 교량 폭파 후 탈출할 말을 확보하기 위해 다른 민병대 엘 소르도를 찾아가게 된다. 그러나 엘 소르도는 상부의 명령과 달리 오늘 밤 당장 교량을 폭파하자고 주장한다. 뜻하지 않게 내리기 시작한 5월의 눈이 쌓이면 적에게 탈출 경로가 들통나게 될 위기를 맞는다. 더욱이 반란군은 기병과 비행기를 이용하여 엘소르도 부대를 전멸시키지만, 조단의 게릴라 부대는 교량 폭파의 임무를 완수하기 위해 이를 도와주지는 않는다.

C. 마리아와 조단의 사랑은?

내전이 끝날 때까지 자신의 생사를 확신할 수 없는 불안한 현실에 사랑의 감정을 억눌렀던 조단에게 마리아는 자신의 아픈 과거(마을 시장이었던 아버지는 어머니와 함께 반란군에게 총살당하고 자신은 무참히 유린당하고 모든 것을 잃게 되었고, 3개월 전 필라에게 구조된 것)를 고백한다. 이에 조단은 따뜻하게 안아주며 위로한다. 마리아는 조단을 사랑하게 되면서 "처음 본 순간 당신을 사랑했어요. 전에 본 적도 없는데 항상 당신을 사랑해요. 난 이제 당신의 여자고 항상 그럴 거예요. 만약 당신이 나를 사랑하지 않는다면, 내가 대신 당신 몫까지 2배로 사랑할 거예요If you don't love me, I'll love you enough for both"라고 말하며, "키스하고 싶어요, 근데 어떻게 하는지 몰라요, 코를 어떻게 해야 하죠?"라고 하자 조단이 먼저 마리아에게 키스를 하면서 둘의 사랑이 시작된다. 마리아의 사랑으로 힘을 얻은 조단은 교량도 성공적으로 폭파하게 된다.

D. 마지막 교량 폭파 작전은?

반군들은 공화국의 전면전을 눈치 채고 대규모 병력을 이동시키려 한다. 이에 조단 일행은 교량 폭파 작전에 돌입한다. 먼저 파블로와 라파엘은 교량으로 향하는 탱크를 저지시키기 위해 수류탄을 터뜨린다. 이윽고 라파엘은 전차의 본체로 뛰어올라 수류탄을 집어넣은 후 반군과 함께 전사하게 된다. 필라가 인근 경비초소를 공격하는 사이 조단과 안젤모는 폭탄을 설치하여 교량을 폭파하는 데 성공한다. 탈출구로 이어지는 길목을 마지막으로 통과하던 조단은 적의 총탄을 맞고 심각한 부상을 당하게 된다. 마지막을 직감한 조단은 필라에게 "반드시 마리아를 데려가요. 남겠다고 해도 데려가요"라고 당부하며 남아서 반란군의 추격을 저지한다.

E. 마지막에 조단이 마리아를 설득하던 장면은?

큰 상처를 입은 조단은 마리아에게 "이번엔 미국에 못 갈 거야. 하지만 당신 가는 곳엔 항상 나도 가는 거야, 알지? 어젯밤 키스 기억해? 지금은 우리의 시간이야, 결코 끝이 아니야. 진심이야 나는 너야. 이제 알았으면 가야 해, 항상 우리들은 같이 있다는 걸 기억해"라며 마리아를 떠나보낸다. 그리고 몰려드는 반란군에게 "결코 날 막을 순 없어, 그녀는 나와 함께 가는 거야"라며 마리아와 동료들을 구하기 위해 필사적으로 기관총을 발사한다.

에필로그

영화에서 조단은 자신을 두고 떠나지 않으려는 마리아에게 "당신 속에는 내가 들어 있어, 이제 당신은 우리 둘을 위해 가는 거야"라며 진심으로 설득한다. 결국 자신의 참전과 희생은 미국도, 마드리드도 아닌 사랑하는 여인 마리아임을 인식하고 마지막 남은 힘을 다하여 기관총의 방아쇠를 당기게 된다. 영화 ＜타이타닉Titanic＞에서도 얼어붙은 바다에 빠져 구조선을 기다리던 남자는 나무판 위에 사랑하는 여인을 올려놓고 "잘 들어요. 로즈, 당신은 꼭 살아야 해요. 여기서 살아남아서 아이도 많이 낳아서 아이들이 자라는 것도 보고 할머니가 된 다음에 편하게 침대에서 최후를 맞이해야죠. 여긴 아니에요. 오늘 밤은 아니에요. 여기서 죽지 말아요. 알아들었어요?"라며 그녀에게 삶에 대한 강한 에너지를 불어넣는 장면을 볼 수 있다. 이 장면을 통해 오늘을 살아가는 우리는 과거 누군가의 도움으로 삶을 누리고 있고, 또 다른 누군가를 위해 뜨거운 열정으로 삶을 살아가야 하는 것이다. 영화에서 스페인 내전의 참혹한 일은 세계 어느 한구석에서 일어난 일이 아닌 우리 모두의 일이라는 점을 강하게 일깨워주며 우리는 모두 따뜻한 사랑을 가진 존엄한 존재임을 잊어서는 안 된다.

34
세상에서 가장 슬픈
킬러의 사랑!

레옹^{Leon}, 1994

프롤로그

—

냉혹한 킬러의 세계에서도 한 가닥 희망을 품은 꽃은 피어나기에 이 세상은 그나마 살만한 곳인지도 모른다. 영화 <레옹^{Leon}, 1994>에서 글자도 읽을 줄 모르는 낮은 정신연령의 프로 청부살인업자가 어리지만, 세상 풍파를 모두 경험한 조숙한 소녀와의 만남을 통해 서로의 상처를 치유해 가면서 가족 같은 그리고 연인 같은 감정을 키워내고 마침내 희생을 통해 이타적 사랑을 완성하는 모습을 그려낸다. 이 과정을 보며 인간은 아름답고 소중한 존재임을 깨닫게 된다. 고통 속의 사람을 위로하는 진흙 속 연꽃처럼 자신을 희생하며 지켜내는 사랑은 암울한 세상을 정화하고 힘든 삶을 빛나게 하는 큰 힘이 될 것이다.

● 영화 줄거리 요약

어렸을 때부터 비운의 삶을 살아온 살인청부업자 레옹(장 르노 분)은 어느 날 옆집에 사는 마약 밀매상의 가족이 마약단속반의 부패 경찰 스탠스 필드(게리 올드만 분)에게 몰살당하는 모습을 목격한다. 마침 가게에 식료품을 사러 갔다가 변을 피한 12세의 딸 마틸다(나탈리 포트만 분)는 살기 위해 평소 안면이 있던 레옹의 집 초인종을 누르며 도움을 요청한다. 이를 계기로 레옹과 마틸다는 가족 아닌 가족관계로 일과 생활을 같이하게 되고 이 과정에서 마틸다는 가족들의 복수를 위해 레옹에게 살인청부업자의 수업을 받게 된다. 하지만 레옹은 "사람을 한 번 죽이게 되면 그때부터 인생이 바뀌지 영원히"라며 어린 그녀가 킬러가 되는 것을 거부한다. 하지만 레옹과 마틸다는 서서히 서로 가족 이상의 감정으로 발전하게 되고, 마침내 마틸다가 직접 복수를 시작하면서 레옹은 그녀를 보호하기 위해 부패 경찰 스탠스가 데리고 온 모든 경찰병력과 마지막까지 전쟁하다가 궁지에 몰리게 된다. 이때 레옹

은 환풍구를 도끼로 부수고 그곳을 통해 마틸다와 아끼는 화초를 탈출시키고 본인은 부패 경찰과 같이 수류탄으로 최후를 맞게 된다.

● 관전 포인트

A. 마틸다에게 구원의 손길이 열린 순간은?

가족이 몰살된 것을 직감한 마틸다는 식료품이 든 종이봉투를 들고 자신의 집을 지나쳐 막다른 곳에 있는 레옹의 집 초인종을 누르며 간절히 도움을 청한다. 이때 망설이던 레옹은 문을 열지 않으면 죽게 될 그녀의 운명 앞에 문을 열어주게 된다. 그러자 환한 빛이 그녀를 비추게 되고 죽음의 공포를 건너 생존의 공간으로 건너가게 된다.

B. 레옹은 어떤 인물인가?

19세 때 이탈리아에서 사랑하던 소녀가 자신의 아버지에게 죽임을 당하자 그녀의 아버지를 살해하고 미국으로 건너와 업계 최고의 실력을 갖춘 킬러가 된다. 하지만 그는 글을 읽을 줄 몰라 청부살해 브로커 토니에게 자신의 모든 돈을 위탁해 놓고 있었고, 토니는 어리숙한 레옹을 오랫동안 편하게 이용하려는 사악한 인간이다. 레옹은 냉혹한 킬러에도 불구하고 여자와 아이들은 해치지 않을뿐더러 건강에 좋은 우유만 마시고, 자신이 아끼는 화초를 정성껏 관리하고, 영화를 감상하며 웃는 등의 순수한 감성도 지니고 있다.

210

C. 마틸다가 레옹을 사랑하는 표현은?

비록 12세의 어린 소녀지만 그녀는 가족들의 몰살로 험악한 세상에서 자신을 지켜주는 안식처이며 아이 같은 순수함을 지닌 레옹을 사랑하게 된다. 이런 마틸다에게 보호 본능을 가지던 레옹도 서서히 그녀를 사랑하게 되고 브로커 토니를 찾아가 자신이 잘못되면 돈을 모두 그녀에게 전달해 달라고 당부를 한다. 그리고 마침내 레옹은 마틸다의 복수를 완료하고 죽음을 맞이하게 된다.

◇ "레옹이라는 이름이 귀엽네요"라고 하자 레옹은 당황하여 마시던 우유를 쏟아낸다.
◇ 화초에만 관심을 두자 "내가 자라길 바란다면 나에게야말로 물을 줘야죠."
◇ "난 아저씨를 사랑하나 봐요! 사랑 아니면 죽음이에요. 그게 전부예요."
◇ "여자는 첫 경험이 중요하대요. 첫 경험은 사랑하는 사람과 하고 싶어요."

D. 레옹이 죽고 난 후 마틸다가 한 행동은?

자신의 복수를 대신하고 죽은 레옹을 위해 그가 애지중지하던 화초를 공원에 정성껏 심어, 그가 평소 간절히 원했던 "네 덕분에 삶이 뭔지도 알게 됐어. 나도 행복해지고 싶어, 잠도 자고, 뿌리를 내릴 거야"라며 그의 영혼이 깃든 화초를 위로하게 된다.

E. 감독 뤽베송은 어떤 인물인가?

프랑스 영화 감독으로 누벨이마주(새로운 이미지)의 독특한 시각적 스타일에 할리우드의 상업적 요소를 결합해 세계적인 흥행 감독으로 부상하였다. <그랑블루Le GrandBleu, 1988>, <니키타La Femme Nikita, 1990>, <제5원소The fifth element, 1997>, <잔 다르크Jeanne d'Arc, 1999> 등 감각적인 영상과 이미지를 이용해 독특한 개성의 영화들을 제작했다.

에필로그

"인생은 가까이서 보면 비극이지만 멀리서 보면 희극이다"라고 말한 찰리 채플린의 말처럼 현실 속의 삶은 각박하고 힘들지만, 시간이 지나 돌이켜 보면 그건 행복이고 사랑이란 걸 느낄 때가 있다. 영화 속 주인공 남녀는 서로 상처받은 삶을 치유하며 마침내 가족으로 완성된 삶을 만들어간다. 태어난 건 자신의 의지가 아니지만 살아가는 방식은 자신의 의지대로 살 수 있듯이 사랑하는 사람을 위해 자신을 희생하고 거기서 행복을 느낄 수 있다면 의미 깊은 인생일 것이다.

35
노트르담 드 파리!

노틀담의 꼽추The hunchback of Notre Dame, 1956

프롤로그
—

인간은 겉으로 보이는 모습보다 내
면의 아름다움이 소중하다고 배워왔지
만, 현실에서는 겉모양으로 판단하는
경우가 많다. 빅토르 위고의 원작 영화
<노틀담의 꼽추The hunchback of Notre
Dame, 1956>에서 종지기 꼽추의 아름
다운 집시 에스메랄다를 향한 순수한
사랑은 사회의 지배계층인 주교와 자
칭 연금술사인 신부의 타락한 탐욕과
극명하게 대비된다. 인간의 얼굴 안에

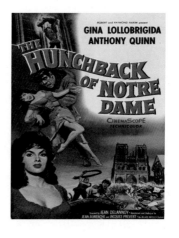

는 해골이, 살갗 속에는 뼈와 장기가 있음을 잊지 않는다면 내면에 깃
든 아름다운 영혼을 가진 사람이 사랑받는 그런 세상이 올 것이다.

[빅토르 위고Victor-Marie Hugo: 프랑스의 대문호 낭만파 시인, 소설

가 겸 극작가. 불후의 소설 "노
트르담 드 파리Notre Dame de
Paris"(1831)는 위고가 노트르담
사원에 새겨져 있는 그리스어
'ANAYKH(아나크): 불행한 운명'
이라는 말을 보고 영감을 얻
어서 쓰게 되었다고 한다. 1862년에는 장편소설 "레 미제라블Les
Miserables"이 있다.]

● 영화 줄거리 요약

1482년 프랑스 파리 노트르담광장 주변에서 살아가는 아름다운 집
시 에스메랄다(지나 롤로 브리지다 분)는 쟐리라는 염소를 데리고 춤과 노
래로 공연을 하면서 돈을 벌고 많은 사람에게 인기를 얻고 있었다. 거
리의 시인 그링고어는 그녀를 보고 반해 쫓아가지만, 집시들에게 포위
되어 위험에 처하게 된다. 이때 에스메랄다가 결혼하겠다는 조건으로
그링고어를 구해 준다. 반신불수라는 뜻의 콰지모도(안소니 퀸 분)는 태
어날 때부터 꼽추였고, 버려진 그를 프롤로 부주교가 데려다 키웠는데
노트르담성당의 종을 치는 종지기였으며 못생긴 외모를 가지고 있었
다. 한편 그녀에게 연정을 품고 있던 노트르담성당의 신부 프롤로는
양아들인 꼽추 콰지모도에게 에스메랄다를 납치할 것을 지시한다. 지
나던 경비대장 피버스가 나타나 콰지모도를 물리치고 에스메랄다를
구해 준다. 체포된 콰지모도는 수레 감옥에 실려 잡혀가는데 오히려
에스메랄다는 콰지모도를 따뜻하게 대해 주고 콰지모도는 그런 에스
메랄다를 보며 태어나 처음으로 받는 호의에 깊은 감명을 받는다.

에스메랄다가 자신을 구해 준 경비대장 피버스를 사랑하게 되자,

214

프롤로 부주교는 이것을 질투해 그녀가 보는 데서 피버스를 칼로 찌르고 에스메랄다에게 살인죄의 누명을 씌운다. 체포된 에스메랄다는 고문에 못 이겨 유죄를 인정하고 교수형을  선고받는다. 에스메랄다가 교수대 앞으로 끌려와 형을 집행당하기 직전, 콰지모도가 종탑에서 로프를 타고 내려와서 그녀를 구출하고 피난처인 성당 안으로 도망친다. 프롤로 부주교는 그링고어에게 에스메랄다를 성당에서 끌어내 사형시킬 것이라는 계획을 슬쩍 흘린다. 그링고어는 집시의 우두머리인 클로팽과 함께 패거리를 이끌고 성당을 습격하여 에스메랄다를 구출하려 하는데, 콰지모도는 이들이 에스메랄다를 해치려는 것으로 생각하여 거세게 저항한다. 왕은 성당에 군대가 들어갔었다는 전례가 있음을 알고 근위대를 파병하여 거지들과 에스메랄다를 죽이고 에스메랄다는 죽은 채로 다시 한번 교수형 처한다. 콰지모도는 잔인한 프롤로를 탑 아래로 떨어뜨려 죽게 한 뒤 에스메랄다의 시체가 있는 몬트포콘의 지하감옥에서 그녀의 곁에 눕는다. 그 후 오랜 세월이 흐른 뒤 교수형을 당한 시신들을 묻은 묘지에서 에스메랄다의 뼈를 꼭 껴안은 채로 죽은 콰지모도의 유골이 발견된다.

● 관전 포인트

A. 이 작품의 시대적 배경은?

15세기 말 서유럽의 역사에서 중세가 서서히 저물고 르네상스 시대가 도래하는 시점(1400년대 후반, 루이 11세 치하)이 배경이다. 이 작품은

215

1998년 뮤지컬로 각색되어 초연되었는데 뮤지컬이라는 장르에 냉담한 프랑스 관객들만 3백만 명이나 끌어모을 정도로 대성공을 거두었다. 당시 사회지도층으로 추앙받던 주교와 왕 같은 절대 존엄의 존재들이 세속적 탐욕과 타락에 물든 나약한 인간임을 밝히는 대담함을 보여주기도 했다. 노트르담 사원에 조각된 악마 얼굴의 조각상과 그들의 얼굴은 놀라우리만큼 닮았다.

B. 바보왕으로 뽑힌 콰지모도는 어떤 일을 겪게 되나?

프랑스 왕세자와 플랑드르 공주의 혼인을 위해 플랑드르의 사신단이 파리에 방문한 데다가, 프랑스 민중들의 축제인 광인절(사람 중 특이한 자를 '바보왕'으로 선발하여 파리 시내를 행진하는 날)에 노트르담 대성당의 종지기 콰지모도가 선발되자 군중들 앞에서 커다란 치욕을 겪게 된다.

C. 콰지모도가 에스메랄다를 사랑하게 된 계기는?

모든 군중이 경멸하고 비웃는 가운데 에스메랄다는 그에게 친절히 물을 가져다주고 그 모습을 본 콰지모도는 크게 감동한다. 이후 그녀가 살인범으로 몰려 교수형에 처할 상황에서 노트르담 성당으로 그녀를 데리고 가서 보호하게 된다. 한편 에스메랄다는 피버스 경비대장에게 사랑을 느끼지만, 그는 이미 출세를 위해 질투심이 강한 고관대작의 딸 플러더 리스와 약혼한 이중적 욕망으로 에스메랄다를 외면한다.

D. 성직자인 부주교 프롤로의 이중인격은?

프롤로는 에스메랄다를 독점하기 위해 그녀가 사랑하는 경비대장 피버스를 칼로 찌르고 그 죄를 에스메랄다에게 뒤집어씌운다. 또 그링고어를 시켜 기적궁의 거지들과 부랑자들과 함께 에스메랄다를 구한다는 명분으로 성당을 습격하게 하여 에스메랄다를 납치한 후 그녀가

216

왕실 근위병에게 죽자 다시 교수형에 처하게 만든다. 이를 성당 위에서 지켜보던 콰지모도는 프롤로를 종탑에서 밀어뜨려 죗값을 치르게 한다.

E. 에스메랄다의 관심을 받고 싶었던 콰지모도가 한 일은?

자신의 보금자리인 노트르담 성당에 에스메랄다를 보호한 콰지모도가 잘 보이려고 종을 온몸으로 치자, 에스메랄다는 매우 놀라지만 자신을 기쁘게 하려는 그의 노력에 웃음으로 화답한다. 또한 그녀에게 피리를 주며 위기 시 자신을 부르라고 하고, 프롤로가 나타나 에스메랄다를 괴롭힐 때도, 콰지모도는 그의 아버지나 다름없는 프롤로를 저지해 준다.

에필로그
—

작품에서 인간은 사랑받고 사랑해야 할 존재임을 알려준다. 인간에게는 사랑받고 싶은 욕망이 있고, 사랑해야만 하는 존재라는 사실이다. 등장인물들의 사랑에 대한 욕망이 엇갈리지만, 이들은 엇갈린 사랑으로 인해 괴로워하면서도 끝내 그 사랑을 포기하지 않는 모습을 보여준다. 결국 인간은 사랑으로 인한 괴로움에도 불구하고 사랑을 포기할 수 없는 존재임을 알게 된다. 또한 재판장에서 사람들이 콰지모도의 외모만 보고 그를 단죄하는 모습과 부주교의 높은 직위를 악용하여 자신의 욕망을 채우려던 장면, 아름답고 순수하지만 이교도 부랑자라는 사실로 염소의 영을 소유한 악령과 주술로 내통한다는 마녀로 몰아 교수형에 처하게 되는 에스메랄다를 보면서 진정으로 추악한 것은 바로 마음속에 있는 편견이라는 점도 일깨워주면서 대성당의 시대(이중적 도덕적 규율이 인간의 솔직한 욕망을 억누르던 시대)의 종말을 알린다.

36

거절할 수 없는 제안!

대부The Godfather, 1972

프롤로그
—

코로나19 사태 이후 사람들은 자신의 패밀리가 아니면 모두 거리 두기로 배척하면서 점점 지구촌이 삭막해지고 있다. 강대국 간의 심각한 무역장벽과 백신 전쟁, 국내 모든 부문에서의 이기심과 불신의 현상은 언젠가 코로나19보다 더 무서운 부메랑이 되어 우리를 타격할 것이다. 영화 <대부The Godfather, 1972>에서 자신의 조직(패밀리)의 제안을 따르지 않으면 이유를 불문하고  모두 무자비하게 제거하는 모습은 현실 사회의 모습과 겹쳐 보인다. 지금 무소불위의 힘을 가졌다고 일방통행하게 되면 언젠가 똑같은 이치로 먼지처럼 사라지게 될 것을 잊지 말아야 한다.

◉ 영화 줄거리 요약

1945년, 비토 꼴레오네(말론 브랜도 분)의 딸 코니의 결혼식에는 많은 하객이 몰려드는데, 비토는 뉴욕 마피아 조직의 우두머리로서 주도면밀하게 뒤탈 없이 문제를 해결해 주는 사람이다. 막내아들 마이클(알 파치노 분)도 2차대전에서 해병대 장교 복무를 마치고 돌아온다. 한편 나탈리아 가문의 마약밀매 조직 두목 버질 솔로조가 비토를 찾아와 자신의 마약 사업에 돈을 투자하고 정치적 연줄을 써서 보호해 달라고 부탁하지만 비토는 마약 사업에 뛰어들면 정치적 연줄을 잃을 위험이 있다고 판단해 거절한다.

수상함을 느낀 비토는 자객을 보내 이들의 속셈을 알아낼 것을 지시하지만 오히려 솔로조에게 살해당한다. 그리고 얼마 뒤 솔로조 패거리는 비토를 총으로 습격한다. 이후 비토의 아들 마이클이 병원에서 아버지를 2차 암살하려는 시도를 저지하고 큰형 소니는 브루노 타탈리아에 대한 살인 청부로 보복한다. 마이클은 솔로조와 부패한 뉴욕 경찰 맥클러스키를 죽일 계획을 세운 뒤 브롱크스의 식당으로 불러내고는 화장실에 전날 숨겨 둔 총으로 그들을 살해한다. 이에 뉴욕의 다섯 마피아 가문은 전면전에 돌입하고, 마이클은 이탈리아 시칠리아로 피신한다.

한편 카를로가 동생 코니를 폭행하자 소니는 카를로를 거리에서

때리고 한 번만 더 그랬다
간 죽이겠다고 경고한다.
그런데도 카를로가 또다시
코니를 폭행하자 소니는
차를 몰고 그들의 집으로
가다가 고속도로 요금소에
매복한 경쟁조직에 살해당

한다. 시칠리아로 피신한 마이클은 시골 처녀 아폴로니아를 만나 행복
한 결혼생활을 하지만, 자신을 죽이려던 자동차 폭탄 때문에 아폴로니
아가 대신 죽고 만다. 비토는 아들 마이클을 보호하기 위해 타탈리아
조직의 헤로인 사업에 대한 반대를 철회하고 소니의 죽음에 대해 복수
하지 않겠다고 다른 마피아 가문에 약속한다.

마이클은 집으로 돌아와 집안의 사업에 입문하고 첫사랑 케이와
결혼한다. 이후 마이클은 가문의 우두머리가 된다. 아버지인 비토는
심장마비로 죽고 장례식 날 비토가 생전에 경고했던 배신의 신호를 감
지한 마이클이 뉴욕 마피아 5대 가문의 보스들을 제거하자 꼴레오네
가문의 조직원들은 마이클을 '돈 꼴레오네'라 부르며 경의를 표하며 명
실공히 마피아의 대부로 자리 잡는다.

● 관전 포인트

A. 대부의 의미는?

누군가 어려운 상황에 부닥쳤을 때 "대부인 내가 먼저 당신한테 은
혜를 베풀어준다. 그것은 돈을 받고 해 주는 일이 아니라 나의 정의이
며 우정으로 베푸는 것이다. 대신 내가 필요할 때 당신도 나를 도와야
한다"라는 악마의 거래를 한다. 즉 대부의 은혜를 입는 순간, 그는 대

부의 지배와 조종 아래 들어가게 되는 것이다. 돈 꼴레오네는 이런 식으로 세상에 드러나지 않는 저 깊은 어둠의 세계에서 꼭두각시들을 조종하는 권력의 손이 되는 것이다. 꼭두각시를 조종하는 손은 바로 우리 삶 속에서 존재하는 검은 거래를 암시하기도 한다.

B. 마이클은 어떤 사람인가?

마이클 꼴레오네는 조직범죄라는 가업에서 벗어나 2차대전에 대위로 참전한 후 돌아온다. 아버지 비토는 그가 암흑가의 보스가 아닌 상원의원이나 주지사가 되어 권력자의 꼭두각시가 아닌 떳떳한 리더로 살아가길 기대했다. 하지만 아버지가 총격에 쓰러지면서 결국 지하세계의 힘과 생존이라는 피와 야망의 폭력적 저주에서 벗어나지 못하고 패밀리 수장의 역할을 물려받게 된다.

C. 영화가 아카데미상을 휩쓴 이유는?

이 영화는 아카데미 시상식에서 작품상, 각본상을 받았다. 그리고 레진 덩이를 어금니 사이에 물고 마피아 보스를 실감 나게 연기한 말론 브랜도는 남우주연상을 받았다. <대부>는 가장 위대한 미국 영화 중 하나이며 꼴레오네라는 인물의 표현을 좋아한 사람뿐 아니라 이 영화를 지혜의 샘으로 여긴 사업가까지 남녀불문하고 모두 좋아하는 영화이다. 코폴라 감독은 침대에 놓인 죽은 말머리, 소니의 살해 장면, 햇살 좋은 돈 꼴레오네의 안마당에서 열리는 결혼식 파티, 새로운 꼴레오네의 세례가 이루어지는 동안 암살이 진행되는 마지막 장면 등 대담하고 직감적이며 장엄한 장면들을 볼 수 있는데, 이는 <바람과 함께 사라지다Gone with the wind>, <시민 케인Citizen Kane>과 함께 영화사의 전설이 되었다. 비토의 젊은 시절을 연기한 로버트 드니로가 출연한 <대부 2, 1974(아카데미 6개 부문 수상)>, 알파치노의 60대 연기를 담은 <대부 3,

1990 > 이 개봉되었다.

D. 비토 꼴레오네의 잔혹한 경고는?

유명 가수인 비토의 대자인 조니는 영화에 출연하려고 비토의 도움을 받고 싶어 한다. 비토는 자신의 고문 변호사 헤이건을 보내 영화 제작사 사장인 잭 월츠를 설득하지만 월츠는 거부한다. 이튿날 깨어난 그는 침대에 자신이 아끼는 종마의 목이 잘려 놓여 있는 것을 보고 기겁하여 바로 비토의 제의를 수락하게 된다. 이렇게 비토는 항상 거절할 수 없는 제안을 통해 문제를 반드시 해결해 냈다. 그러면서 그는 "친구는 가까이에, 적은 더 가까이에 두어야 한다", "적이 절대 너의 생각을 알지 못하게 해라", "적을 미워하지 마라, 판단력이 흐려진다" 라며 주도면밀한 전략을 통해 암흑가의 대부로 군림한다.

E. 부인 케이가 기대한 마이클은?

부인 케이는 마이클이 합법적인 사업을 하기를 기대하고, 이에 마이클도 5년 내로 집안의 모든 사업을 합법적으로 만들겠다고 약속한다. 하지만 피의 복수는 계속되고, 나중에는 자신의 형인 소니를 죽게 하는 데 가담한 처남 카를로의 살해를 지시하게 되면서 동생의 원한을 사게 되고 잔혹한 대부로 변하게 되자 부인은 그를 증오하게 된다.

에필로그

엄숙하고 고상한 척 권력과 돈을 휘두르는 사람들의 뒷모습에는 무서운 음모와 잔인한 복수가 숨어 있는 경우가 많다. 폐지를 팔아 모은 돈으로 대학교에 장학금을 희사하는 그런 따뜻한 마음은 찾아볼 수 없다. 하지만 사람은 언젠가 생을 마감한다는 진리를 잊지 않는다면, 자신의 힘과 돈을 탐욕과 술수에 쓰지 않고 인류애를 빛낼 수 있는 곳에 의미 있게 쓸 수 있다. 자신을 추종하는 패밀리가 아닌 사람과는 소통과 설득 과정을 생략하고 바로 제거해 버리는 그런 비인간적 삶은 영원할 수 없다. 영화의 OST 'Speak softly love'처럼 사랑이 삶의 소중한 가치임을 다시 한번 생각해 본다.

37

무기여 잘 있거라!

무기여 잘 있거라A farewell to arms, 1957

프롤로그

―

인간이 저지른 행위 중
가장 끔찍하고 황폐한 것
이 전쟁이다. 전쟁으로 인
해 무차별 살상과 인간성
의 파괴 그리고 아픈 기억
만이 남겨진다. 영화 <무
기여 잘 있거라A farewell to

arms, 1957>에서 포화 속 남녀 주인공은 사랑의 작은 불씨를 피우려
고 노력하지만 결국 전쟁이라는 잔인한 괴물의 횡포에 사라지게 된
다. 지금도 핵전쟁과 같은 큰 전쟁이 일촉즉발의 상황일 수 있지만,
사람들의 머릿속에는 벌써 세계대전과 같은 전쟁의 끔찍한 기억들이
사라져가고 있다. 우리나라도 젊은 세대는 한국 전쟁의 비참함을 잊
은 지 오래이다. 그렇기에 이 영화를 통해 전쟁의 잔인함과 인간성

상실을 되새겨 보고 참상을 막을 수 있는 사랑과 평화의 소중함을 생각해 본다.

[헤밍웨이의 무기여 잘 있거라: 헤밍웨이 문학의 중요한 테마는 죽음과의 대결로 "노인과 바다", "누구를 위해 종은 울리나", "살인청부업자", "킬리만자로의 눈"의 모든 작품에 담겨 있다. 하지만 전쟁이라는 파괴적 상황에서 싹튼 사랑을 통해 평화에 대한 간절한 염원도 깃들어 있다. 헤밍웨이가 "무기여 잘 있거라"를 "내가 쓴 로미오와 줄리엣"이라고 할 만큼 애잔한 사랑 이야기이다.]

● 영화 줄거리 요약

미국인 프레드릭 헨리(록 허드슨 분)는 제1차 세계대전 이탈리아 동북부 알프스산맥 전선에서 부상병 운반부대 중위로 근무 중 영국의 종군 간호사인 캐서린 버클리(제니퍼 존스 분)를 만나 운명적인 사랑에 빠진다. 그러던 중 헨리는 전쟁터로 파견되어 캐서린과 헤어지게 되지만, 전투 도중 다리 부상을 당해 밀라노 병원으로 후송된 헨리는 그곳에서 캐서린과 재회하게 된다. 이후 몸이 회복되어 다시 전장에 파견된 헨리는 적군에 패배한 지휘관의 미친 폭정을 이기지 못하고 탈영하게 되고, 밀라노의 캐서린 을 찾아간다. 탈주병으로 헌병에 쫓기던 헨리는 캐 서린과 함께 새벽에 필사 적으로 노를 저어 스위스 레만호로 탈출하여 기슭에 있는 몽트뢰에 작은 집을

마련하고 잠시 행복한 시간을 보낸다. 하지만 캐서린은 탈주 과정에서 의 무리로 병원에서 출산 도중 아기와 함께 죽게 되고 홀로 남은 헨리 는 쓸쓸하게 병원문을 걸어 나오는데, 캐서린의 예언대로 밖에는 비가 구슬프게 내리고 있었다.

● 관전 포인트

A. 주인공들이 사랑에 빠진 계기는?

불안과 혼란이 가득한 전쟁의 시기, 캐서린은 전쟁에서 죽은 약혼 자로 인해 상심에 빠져 있다가 헨리와의 사랑 덕분에 활기를 되찾게 되고 헨리 역시 자신이 목격한 전쟁의 공포를 잊게 된다. 두 사람은 종종 서로에게 다른 어떤 것도 생각하지 말자고 얘기한다. 생각해 봤 자 고통스럽기만 하기 때문이다. 자기 삶에 무심하던 주인공들은 비참 한 전장에서 진정한 사랑을 통해 추상적이고 관념적인 것의 공허함, 세상에 내던져져 죽음으로 향할 수밖에 없는 인간과 그래서 더 소중한 사랑, 교감의 가치를 깨닫게 된다.

B. 영화에서 불행을 상징하는 것은?

사람들은 행복한 순간, 불행을 생각한다. 그것은 지금의 행복함을

무엇인가에 뺏길 것만 같은 불안감 때문이다. 비 오는 어느 날 밤, 캐서린은 자신 중 아는 한 사람이 빗속에서 죽어가는 환영을 보았노라는 불길한 예언을 한다. 이처럼 비는 불행의 상징이 된다. 헨리와 캐서린이 행복한 시간을 보낼 때마다 무언가가 그들을 방해한다. 헨리의 부상, 전장으로의 복귀, 헌병의 추격, 캐서린의 죽음이 그것이다.

C. 헨리가 탈영을 결심한 이유는?

독일군의 지원을 받은 오스트리아군이 힘을 얻어 전세가 뒤집힌다. 전투에서 이탈리아군이 대패해 퇴각하던 중 군의관 리날디 소령이 정신적 육체적 피로로 정신적 이상증세를 나타내며 인생에 회의를 느끼고 전쟁을 혐오하는 실언을 내뱉는 바람에 간첩으로 몰려 군사 법정에서 총살당하고 그로 인해 헨리도 처형당할 위기에 처한다. 이 위기를 모면하기 위하여 가까스로 강물에 뛰어들어 목숨을 건져 밀라노행 기차로 캐서린을 찾아간다.

D. 영화에 나오는 전쟁의 비합리성은?

미국인이면서 이탈리아 부대에 소속돼 있고 전투부대가 아닌 구급차 부대에 소속된 헨리는 처음에는 자신이 겪는 전쟁이 "영화 속의 전쟁만큼이나 위험해 보이지 않는다"고 말한다. 그러나 전투가 아닌 식사 중 포탄을 맞아 부상을 당한 병사가 훈장을 받고, 적군이 아닌 겁먹은 아군의 총에 후임병을 잃고, 퇴각 중 아군의 사기를 진작한다는 명목으로 군의관이 총살되고 자신도 헌

228

병에 붙잡혀 탈영 및 간첩 혐의로 처형될 위기에 놓이게 되면서 논리와 상식을 거부하는 전쟁의 기이한 특성에 절망하게 된다.

에필로그
—

진화된 지식으로 무장한 인간은 강한 척 하지만 전쟁과 바이러스 같은 재앙에는 생명과 존엄성까지 지켜내기 어렵다는 것을 알게 된다. 그러기에 역사를 통찰하는 철학적 사고로 진정한 삶과 행복에 대해 생각하고 자신을 성찰하며 타인을 배려하는 인류애가 깃든 생활 모토가 필요하다. 매일 현실 속에서 일어나는 각종 전쟁에서, 잠시 영롱한 햇빛에 물든 꽃길을 걸어보고, 사랑하는 사람을 다정하게 안으면서 감사하고 평화로운 삶을 만끽해 보자.

나일 살인사건Death on the Nile, 1978

프롤로그
—

    과거 영화가 대중적이지 않던 시절에는 추리소설이 큰 인기를 끌었다. 특히 긴긴 겨울밤 시시각각 다가오는 범인의 발소리를 상상하며 화장실 가기도 무서웠던 적이 있다. 그 뒤 텔레비전이나 영화에서 피터 포커 주연의 <형사 콜롬보Columbo, 1971>, 피어스 브로스넌 주연의 <레밍턴 스틸Remington Steele, 1982> 같은 추리 수사극이 선보였다. 아가사 크리스티의 추리극을 영화화한 <나일 살인사건Death on the Nile, 1978(아카데미 의상상 수상)>을 보며 원한과 탐욕에 의해 누군가를 죽일 위험한 계략에 인생을 거는 것보다, 타협하고 용서하고 같이 살 수 있는 방법을 찾는 것이 더 좋지 않았을까 하는 생각이 들었다. 지금도 서로 죽일 듯이 미워하고 갈등하는 많은 사람이 이 영화를 통해 파멸이 아닌 더 긍정적 선택지를 고를 수 있기를 기대해 본다.

[아가사 크리스티|Agatha Christie: 영국의 소설가, 어릴 적 언니가 읽어주던 코난 도일의 셜록홈즈를 들으며 추리 소설가로서의 영감을 가지게 되었다. "오리엔트 특급 살인"(1934), "메소포타미아의 살인"(1936), "나일 살인사건"(1937)(이집트의 아스완에 있는 Old Cataract Hotel의 스위트룸에서 이 작품을 집필), 영국 여왕으로부터 기사 작위를 받았다.]

● 영화 줄거리 요약

억만장자 상속녀 리넷과 변변한 직장도 없던 백수 사이먼 도일이 결혼을 발표하고 나일강으로 신혼여행을 떠난다. 그런데 카르나크 유람선에 승선한 리넷의 주변엔 온통 리넷과 원한 관계인 사람들로 가득하다. 리넷의 절친이었던 재키(미아 페로우 분)는 그에게 도일을 빼앗겨 앙심을 품고 있었고, 변호사 삼촌은 막대한 유산을 가로채려 하고, 하녀 루이즈는 리넷이 약속한 돈을 주지 않아 애가 타고, 소설에서 리넷을 색정광으로 묘사하여 리넷에게 명예훼손으로 고소당한 여류소설가

231

와 딸 로잘리 오터번(올리비아 핫세 분)까지 있었다. 심지어 리넷을 죽여서라도 목에 건 진주목걸이를 탐내는 중년 여성과, 그녀의 아버지 때문에 파산한 하녀까지 있다. 그러던 어느 날 재키가 술에 취해 사이먼에게 권총을 발사하고 다리에 상처를 입은 사이먼이 치료를 받고 깨어나니 리넷은 관자놀이에 권총을 맞고 사망해 있었다. 탐정 포와로와 레이스 대령이 선상 수사권을 발동시켜 조사에 나선다. 그러나 급기야 살인자는 리넷의 하녀까지 살해하고, 범인을 안다고 외치던 소설가의 이마 한복판에 총알을 박으며 사건은 미궁에 빠지게 된다.

● 관전 포인트

A. 영화의 화려한 배경은?

이집트를 배경으로 거대 피라미드와 엄청난 석상들 그리고 이국적인 풍물들, 게다가 화려하고 부드러우며 풍부하면서도 어딘지 모르게 어두운 느낌이 드는 관현악단의 배경음악까지 영상미를 드높였다.

B. 영화에 출연하는 유명한 배우들은?

◇ 피터 유스티노브가 포와르: 영화 <스파르타쿠스Spartacus, 1960>에서 남우조연상 수상

◇ 올리비아 핫세: <로미오와 줄리엣Romeo and Juliet, 1978>에서 줄리엣으로 열연

◇ 미아 패로우: 텔레비전 드라마 <페이튼 플레이스Peyton Place,

1957>에서 스타로 등극했음. 가수 프랭크 시내트라와 결혼했고 그 이후 영화감독 우디 앨런과 연인으로 지냈다.

C. 유명한 추리소설의 원작으로 한 영화는?

◇ 주디 덴치, 윌럼 대포, 조니 뎁 주연의 아가사 크리스티 원작의 <오리엔트 특급살인Murder on the Orient Express, 2017>

◇ 로버트 다우니 주니어, 주드 로 주연의 <셜록홈즈Sherlock Holmes, 2009>, <셜록홈즈 그림자 게임Sherlock Holmes: A game of shadows, 2011>

◇ 케네스 브래너, 갤 가돗 주연의 <나일강의 죽음Death on the Nile, 2020>을 재해석한 영화

D. 리넷의 하인과 소설가가 살해당한 배경은?

스티브 리넷의 하녀인 루이스 버젯은 사이먼과 재키가 공모해 리넷을 죽인 사실을 알고 그들에게 돈을 요구했다. 그러나 루이스는 베스너 박사의 메스를 몰래 훔쳐낸 재키에 의해 메스에 찔려 죽는다. 이때 소설가 오터번 부인이 재키가 하녀의 방으로 들어가는 것을 목격했고 탐정 포아로에게 발설하려 하자 재키는 총으로 그녀를 살해하게 된다.

E. 최종 범인은 누구일까?

범인은 도일과 재키: 재키가 발사한 총에 도일은 맞지 않았다. 하지만 미리 준비한 빨간색 잉크를 다리에 뿌리며 총에 맞은 척 하며 의사를 불러 달라고 했고, 사람들이

도움을 청하러 간 사이 재빨리 리넷의 방으로 가 권총을 발사한 것이다. 다시 돌아온 도일은 이번엔 진짜로 자신의 다리에 총을 발사하여 탐정 포와로의 용의 선상에서 제외된다. 하녀와 소설가를 죽인 것은 재키로 두 사람은 범죄가 백일하에 드러나자 결국 자살하게 된다.

에필로그

영화 <하버드 대학의 공부벌레들The paper chase, 1973>에서 학생들의 저승사자 법학 교수 킹스필드도 그의 침실 머리에서는 아서 코난 도일의 "셜록홈즈" 추리소설을 읽으며 시시각각 좁혀드는 범죄 추리물을 즐긴다. 이처럼 추리소설은 불확실한 인생살이를 퍼즐 맞추듯 진행하는 미래준비형 시뮬레이션 전개에 무척 흥미진진하고 예지력과 상상력을 키우는 데 큰 도움이 된다. 코로나19로 언택트 시대인 현재, 방안에서 추리소설을 읽으며 소름 끼치게 다가오는 공포와 그 문제를 해결해 나가는 명탐정과 함께 수사 파트너가 되어보는 건 어떨까?

39

시간과 공간의 주인공!

벤자민 버튼의 시간은 거꾸로 간다The curious case of Benjamin Button, 2008

프롤로그
—

사람은 시간과 공간의 제약 속에 살아가고 있다. 하지만 시각을 바꾸면 시간과 공간을 주도적으로 이끄는 삶을 만들어갈 수도 있다. 때가 되어서 밥을 먹는 것이 아니라 배가 고플 때 밥을 먹는 것과 내가 원하는 공간을 삶의 방식을 선택해서 살 수 있는 선택권이 내게 있기 때문이다. 영화 <벤자민 버튼의 시간은 거꾸로 간다The curious case of Benjamin Button, 2008>에서 남과 거꾸로 된 생체 리듬을 태어난 벤자민이 헤치고 나가는 삶과 사랑에서 인생의 주도권은 바로 나 자신에게 있다는 것을 보여준다. 영화 <반지의 제왕The Lord of the Rings>에서 힘들어하는 호빗 프로도에게 "주어진 운명을 거스를 수는 없지만 사는 방식은 스스로 정할 수 있다"고 말한 마법사 간달프의 얘기가 떠오른다.

● 영화 줄거리 요약

1914년, 제1차 세계대전에 한 시계공의 아들이 참전했다가 싸늘한 시신으로 돌아오자, 아버지는 거꾸로 돌아가는 거대한 시계를 만들어 전쟁에서 사망한 사람들이 과거로 돌아가 다시 행복한 삶을 살기를 기원한다. 이 시계의 영향인지 어느 마을 단추공장의 사장 토머스 버튼의 부인이 아이를 낳다가 사망했는데, 그의 아들 벤자민 버튼(브래드 피트 분)은 80세 노인의 모습을 하고 있었다. 절망한 아버지는 그를 양로원에 버리지만 퀴니 원장은 극진히 키운다. 그곳에서 할머니를 만나러 오는 데이지(케이트 블란쳇 분)라는 소녀와 만나게 되고, 서서히 나이가 들면서 그는 마이크 선장의 배에 선원이 되어 세상 여러 곳을 다니게 된다. 우여곡절 끝에 다시 고향으로 돌아온 청년 벤자민은 데이지와 사랑을 나누고 딸을 낳지만, 거꾸로 어려지는 자신의 모습을 들키기 싫어 다시 정처 없이 떠나게 된다. 오랜 시간이 지난 후 그는 치매가 걸린 어린 소년이 되어 데이지의 품으로 돌아와 보살핌을 받다가 85세

236

의 나이로 생을 마감하게 된
다. 죽음을 앞둔 데이지는
그동안 숨긴 아버지의 존재
를 딸 캐롤라인에게 이야기
하며 파란만장한 그녀의 아
버지 일생을 전한다.

● 관전 포인트

A. 벤자민의 아버지가 그를 양로원에 버린 이유는?

토마스 버튼은 자신이 사랑하던 아내가 아기를 낳다가 죽고, 아기
는 외모가 80세로 충격과 원망으로 요양원에 갖다 버리게 된다. 하지
만 시간이 흘러 우연히 홍등가에서 만난 노인이 자기 아들임을 알고
그와 가끔 만나 술을 마시다가, 죽을 때가 가까이 되서야 자신이 아버
지임을 밝히고 용서를 구하게 된다. 분노했던 벤자민은 번개를 7번이
나 맞았지만 살아남은 노인이 "살아남았다는 것 자체가 행운이다"라는
말을 통해 아버지를 용서하면서 "현실이 싫으면 미친개처럼 날뛰거나
욕을 하고 운명을 저주해도 되지만, 마지막 순간엔 받아들여야 한다"던
마이크 선장을 말로 임종을 맞은 아버지를 위로한다.

B. 벤자민이 최초로 정을 나누게 되는 여인은?

원양어선의 선원으로 세계를 돌아다니다가 그는 러시아의 겨울 궁
전이라는 호텔에서 '영국해협을 건너는 최초의 여성'이 되고 싶었으나
실패한 엘리자베스라고 하는 여인과 정을 나누게 된다. 하지만 그녀는
애욕에만 심취한 여인으로 어느 날 돌연 편지 한 장을 남기고 떠나가
게 되면서 벤자민은 진정한 사랑에 대해 생각하게 된다.

C. 벤자민이 진심으로 사랑하게 되는 여자는?

어릴 적 양로원에서 피아노를 가르쳐주던 어떤 할머니의 손녀 데이지에게 호감을 느꼈지만, 뉴욕에서 발레리나로 성공한 데이지는 자유분방한 생활을 하게 된다. 하지만 얼마 후 데이지는 교통사고로 더는 춤을 출 수 없는 비운을 맞고 실의에 빠진다. 벤자민이 시간이 지나 다시 고향으로 돌아왔을 때 인간적으로 성숙해진 데이지가 자신의 진정한 여인임을 깨닫고 행복하게 사랑을 나누고 아기까지 낳게 된다.

D. 벤자민이 다시 데이지를 떠난 이유는?

데이지가 자신의 아이를 낳자, 벤자민은 점점 어려져 가는 자신의 생체시간을 딸에게 보이기 싫어서 자신이 가진 전 재산을 팔아 돈을 남기고 다시 방랑길을 떠나게 된다. 하지만 멀리서도 자신의 딸 생일 때마다 엽서를 보내며 사랑을 다한다. 그는 엽서에서 "굿나잇 키스를 해 주고 싶구나, 네가 5살 때 학교 입학식에 데려가고 싶고, 피아노도 가르쳐주고 싶어. 네가 슬플 땐 안아주고 싶어, 아빠 노릇을 할 수만 있다면 세상 부러울 게 없을 텐데, 살아가면서 너무 늦거나 이른 것은 없어. 넌 뭐든 될 수 있단다. 인생이 조금이라도 후회가 생긴다면 용기를 내서 다시 시작하렴"이라며 절실한 정을 표시한다.

E. 벤자민에게 인생의 의미를 가르쳐준 사람들은?

벤자민의 남다른 인생을 풍요롭게 만들어준 사람들이 나온다.

◇ 인간으로서의 자유와 외로움은 인간에게 필연적인 마주침이라는 것을 가르쳐준 피그미 오티
◇ 살아있다는 것의 소중함을 깨닫게 해 준 7번 번개 맞은 노인
◇ 죽음의 의미를 알려주었던 피아노 치던 할머니
◇ 자유와 꿈의 아름다움을 가르쳐준 마이크 선장

◇ 도전의 가치를 가르쳐준 엘리자베스

◇ 용서를 알게 해 준 아버지

◇ 가족의 따스함을 느끼게 해 준 양로원 엄마 퀴니

◇ 사랑을 알려주고 자신의 분신을 만들어준 데이지

에필로그

벤자민 버튼의 삶에서, 인간은 언제 어디서 어떤 형태로 태어나고 살아가고 죽더라도 결국은 한 마리의 벌새처럼 날개를 펄럭이며 마치 뫼비우스의 띠처럼 영속적인 소중한 존재임을 느낄 수 있다. 우리는 무한한 상상력을 통해 과거 현재 미래를 자유롭게 오갈 수 있으며, 여행을 통해 어떤 공간이동도 자유롭기에 시간과 공간의 고정관념에 얽매이지 말고 자신의 의지대로 시간을 만들어간다면 그것은 분명 소중한 삶의 주인공이 될 수 있다.

40
인류 멸망의 최후통첩!

매드맥스: 분노의 도로Mad Max: fury road, 2015

프롤로그

눈부시게 발전한 과학과 의술로 인류는 100세 시대를 당연한 것으로 생각하게 되었다. 하지만 몰아닥친 코로나19 사태로 전 세계는 생명이 위협받고 문명이 소멸하는 위기를 겪게 되었다. 이러한 조짐들은 인류의 탐욕에서 비롯된 지구온난화, 핵전쟁, 자원의 독식 등으로 이미 예견되기도 했다. 심지어 강대국들은 글로벌 패권 경쟁으로 파리기후협약에서 탈퇴하기도 하였다.

영화 <매드맥스: 분노의 도로Mad Max: fury road, 2015>에서 지구 멸망 이후 살아남은 소수 인류의 절망과 광기 어린 삶 속 약육강식의 동물적 생존방식을 보여준다. 이런 영화 속 스토리가 실제 삶으로 가까

이 다가올 수 있음을 부인
해서는 안 되며 이에 대한
많은 통찰과 변혁이 필요
할 때이다. 우리는 죽음에
관해 얘기하는 것을 금기
시하지만 미리 염두에 둔
다면 여유 있는 삶을 누릴
수 있으며, 인류의 멸망 또한 적극적 준비를 통해 위기를 막는 노력이
절실한 시기이다.

● 영화 줄거리 요약

핵전쟁으로 멸망한 22세
기, 바위산 요새 시타델에
서 얼마 남지 않은 물과
기름을 차지한 독재자 임
모탄 조가 살아남은 인류
를 지배한다. 한편, 아내
와 딸을 잃고 광인처럼 사
막을 떠돌던 맥스(톰 하디 분)는 임모탄의 부하들에게 납치되어 수혈용
피 주머니 노예로 끌려가고, 폭정에 반발한 최고의 전투사령관 퓨리오
사(샤를리즈 테론 분)는 인류 생존의 열쇠를 쥔 임모탄의 여인들을 탈취
해 '녹색의 땅(어머니의 대지)'으로 향하는 분노의 도로로 폭주한다. 이에
임모탄의 전사들과 신인류 눅스(니콜라스 홀트)는 맥스를 이끌고 퓨리오
사의 뒤를 쫓는다. 퓨리오사가 천신만고 끝에 도착한 희망의 나라인
녹색의 땅엔 결국 황폐해진 사막과 살아남은 고향 할머니들 몇 분이었

지만, 그곳에서 채소, 과일 등의 씨앗을 발견하고, 맥스와 함께 임모탄으로부터 빼앗은 물과 함께 다시금 시타델로 공격하여 임모탄을 없애고 새로운 푸른 대지를 만들어가는 세상을 꿈꾸게 된다.

● 관전 포인트

A. 영화에서 시사하는 것은?

인간 스스로 자연을 파괴하고 물과 기름이 부족해서 인간끼리 약탈과 살육을 일삼는 미친 세상을 통해 현재 우리가 당연히 가지고 향유하는 모든 것에 대한 소중함에 대해 깊이 성찰하게 한다. 소드오프 샷건과 애마 V8 인터셉터로 무장한 주인공 맥스는 희망 없는 세상에서 산 자와 죽은 자 모두에게서 달아나고 있고 '살아남는 것' 한 가지 미친 본능만 남아 보였다. 임모탄 전투부대의 마스코트 빨간 내복 두프 워리어의 불꽃 기타는 연주 속도로 행군 속도를 전달하며 헤비메탈의 공연장 같은 분위기와 멸망해 버린 세상에서 약자들이 어떻게 살아남는지에 대해 보여준다. 아카데미 6개 부문(편집상, 미술상, 분장상, 의상상, 음향 믹싱상, 음향편집상)에서 수상했다.

B. 매드 맥스 시리즈의 구성은?

조지 밀러 감독, 멜 깁슨이 주연한 총 3편의 영화가 있다.

◇ <매드 맥스 1Mad Max, 1979>: 오일쇼크로 세상의 기반이 붕괴된 지구에서 LA 경찰서의 강력계 순찰대원 맥스가 오토바이 폭주족 일당에게 친구와 가족을 잃고 복수하는 내용

◇ <매드맥스 2The road warrior, 1981>: 가족을 지키지 못했다는 죄책감으로 정처 없이 떠돌던 맥스는 자이롭콥터 조종사와 가솔린을 가진 악당들과의 혈투와 암담한 미래를 그렸다.

◇ <매드 맥스 3Beyond thunderdome, 1985>: 핵전쟁 이후 떠돌던 주인공은 '바타 타운'에서 여왕(티나 터너 분)의 명령으로 썬더돔에서 거인과 싸우지만, 규칙 위반으로 사막에 추방 당한 후 사반 나라는 여자를 구해 준다.

C. 사령관 퓨리오사는 어떤 사람인가?

녹색의 땅에서 어머니와 함께 끌려온 노예 출신의 사령관으로 치밀함은 물론이고 탁월한 상황 판단 능력과 부하들을 완벽하게 통솔하는 리더십과 뛰어난 사격 실력으로 수많은 공을 세워 사령관까지 올라온 퓨리오사는, 멸망한 지구에서 다시 생명을 잉태할 수 있는 '임신 가능한 5명의 여성'을 임모탄으로부터 탈출시켜, 모든 것이 황폐해져 버린 사막을 떠나 새롭게 문명을 꾸려나갈 희망의 땅인 '녹색의 땅'으로 데려간다. 퓨리오사를 연기한 샤를리즈 테론은 <이탈리안 잡The Italian job, 2003>, <몬스터Monster, 2003>, <이온 플럭스Aeon flux, 2005>, <더 로드The road, 2009>와 같은 영화에서 강한 여성 이미지를 구축해 왔다.

D. 적자생존의 상황에서도 볼 수 있는 따뜻한 인간애는?

퓨리오사 사령관과 5명의 브리더들은 가부장 지배자인 임모탄과 두목들에 대해서는 공격적이지만, '제대로 살고 싶은' 공동목표를 가진 워보이 눅스와 맥스에게는 주저 없이 손을 잡는다. 부상으로 죽어가는 퓨리오사 사령관을 살리기 위해 암으로 죽어가는 병사 눅스는 자발적으로 수혈을 하기도 한다. 퓨리오사를 추격하는 워보이들의 장대묘기는 '태양의 서커스 팀'이 맡았고 장엄한 분위기는 베르디의 '레퀘엠-진노의 날'이 효과를 냈다.

E. 독재자 임모탄의 통치체제는?

핵전쟁 이후 폐허가 된 세상에서 물을 독점한 지배자 임모탄은 자신을 신과 같은 이미지로 만들기 위해 말의 턱뼈와 치아를 활용해 만든 마스크를 착용하고 늙고 피부병으로 인해 축 늘어진 자신의 신체 위에 근육 모양의 유리로 된 갑옷을 입어, 마치 근육질로 뒤덮인 몸처럼 보이는 효과와 거대한 스피커 차량을 대동하여 권위를 나타낸다. 신인류 워보이는 방사능에 노출되어 선천적으로 피부가 하얗고 각종 질병에 걸려 있으며 동력 기계를 돌리는 인간 부품이나 전투나 약탈에 투입되어 싸우다 죽으면 북유럽 전사들의 천국 '발할라'로 갈 수 있다는 특권의 환상을 갖고 있다. 여성들은 아기와 모유 생산 등 물적 토대인 노동력을 생산할 수 있는 중요한 부품인 '브리더'로서 금고 속에 귀중한 물건처럼 살아가며 억지로 임모탄의 아이를 갖게 한다. 그들은 가장 안전하고 쾌적하며 물과 음식을 충분히 공급받을 수 있음에도 "우리는 물건이 아니다. 누가 세상을 망쳤나"라며 퓨리오사와 탈출을 감행한다.

에필로그

—

코로나19 사태로 일회용품의 사용이 다시 가속화되고 있고, 그런 쓰레기 산과 바다는 심지어 생활 속으로 침투하여 생태계를 파괴하고 있다. 그런 환경오염, 핵실험으로 다시 페스트 같은 전염병을 유발하고 지구 온난화의 주범이 될 수도 있음을 경험적으로 알고 있다. 영화 <나는 전설이다I am legend, 2007>에서 순식간에 전 인류가 멸망하고 남은 사람이 좀비로 변하는 무서운 설정은 현실적 얘기처럼 다가온다. 지금 코로나19로 인한 불편한 일상은 그런 극한 상황에 비하면 전초전일 수도 있다. 복합적 위기 속 지구의 리더들은 더욱 협력하여 현재 상황을 조기에 불식하고 지구 멸망의 위기를 사전에 차단하는 특단의 노력을 해야 할 시기이다. 지금 지구 곳곳에서 지구 멸망의 최후통첩 신호가 감지되고 있다.

제4부

새로운 도전

41

피라미드, 콜로세움,
라스베이거스의 공통점?

벅시Bugsy, 1991

프롤로그
—

'아메리칸 드림'은 짧은 역사에도 미국을 세계 최고의 국가로 만드는 원동력이 되었다. 1941년 제2차 세계대전의 전황이 드리우던 네바다 사막 한가운데에, 거대한 도박과 환락의 도시 라스베이거스Las Vegas를 건설한 전설적인 갱스터 벅시 시걸Bugsy Siegel의 돈키호테적 야망과 사랑을 그린 영화 <벅시Bugsy, 1991>에서, 그의 친구는 벅시를 가리켜 "He is not interested in money,

he just want build something new(그는 돈을 쫓기보다는, 꿈을 추구하던 사람이다)"라며 그의 뜨거운 열정과 무한한 몽상가적 면모를 알아본다.

6백만 달러로 이뤄진 벅시의 꿈 라스베이거스는 1991년 현재 1천억 달러(100billion)의 수입을 이루고 있다. 현재는 한 해 4천만 명의 관광객이 방문하는 천문학적인 돈과 사랑이 춤추는 세계 최대의 드림 도시로 탈바꿈하였다. 피라미드, 콜로세움, 라스베이거스를 세운 사람의 공통점은? 돈키호테적인 무모함과 저돌성일 것이다.

● 영화 줄거리 요약

1930년대 뉴욕 유흥가의 이름난 갱스터이자 플레이보이인 벅시 시걸(워렌 비티 분)은 서부지역으로의 사업 확대를 꾀하는 조직의 밀명을 받아 로스앤젤레스의 할리우드로 진출한다. 배우로 성공한 어릴 적 친구 조지 래프트를 통하여 할리우드의 사교계에 발을 들여놓은 벅시는, 그곳에서 신인 여배우 버지니아 힐(아네트 베닝 분)을 만난다. 개성이 강한 두 사람은 때때로 격렬하게 충돌하면서도 만남과 헤어짐을 거듭하며 점차 사랑에 빠진다. 어느 날, 비즈니스로 라스베이거스를 방문한 벅시는 그곳에 미국 최대의 카지노가 딸린 호텔을 세우기로 마음먹고 조직에서 100만 달러의 예산을 받아 호텔을 짓기 시작한다. 벅시는 버려진 황량한 사막이지만 솔트레이크시티(미국 유타주의 주도)와 철도가 놓여 있고, 후버 댐이 건설되고 있어 전력공급에 문제가 없다고 판단하여 장기적 수익을 위해 사막의 오아시스 개념으로 술, 로맨스, 도박을 조합한 환상적인 합법적인 카지노 호텔을 지어야겠다는 구상을 하고 연인

버지니아의 별칭을 따서 호
텔에 플라밍고Flamingo(홍학)
라는 이름을 붙인다. 한편
시간이 지날수록 공사비
가 엄청나게 초과하자,
마피아 조직은 비밀리에 간
부 회의를 소집하여 대책

을 논의하고, 벅시가 감옥에 가 있는 동안 공사를 책임진 버지니아가
공사비 2백만 달러를 횡령했다는 사실을 밝혀낸다. 조직의 위협을 느
낀 벅시는 무리하게 1946년 크리스마스 시즌에 맞춘 성대한 호텔 개
막식을 준비한다. 하지만 억수 같은 비로 개막식은 쓸쓸히 막을 내린
뒤 휴업을 선언하고, 혼자 할리우드 자택으로 돌아온 벅시는 등 뒤에
서 쏜 조직의 총에 맞고 쓰러진다. 버지니아 힐은 벅시가 갱들에게 죽
고 일주일 후 자신이 횡령한 돈을 마피아 조직에 돌려주고, 잘츠부르
크 근교 코플Koppl에서 사랑하던 벅시를 따라 스스로 삶을 마감하였다.

● 관전 포인트

A. 영화 촬영 중 워렌 비티Warren Beatty의 실제 러브스토리는?

영화에서 한 여인을 사랑하며 사막에서 원대한 꿈을 꾸는 열정적
인 인물을 연기한 워렌 비티는 영화 촬영 중 매력적인 아네트 베닝과
사랑에 빠져 결국 두 사람은 1992년 결혼에 이르게 된다. 3년 후 두
사람이 다시 함께 촬영한 <러브 어페어Love Affair, 1994> 역시 애틋
한 사랑을 보여준다. 워렌 비티는 1961년 워즈워스Wordworth의 시로
유명한 '초원의 빛Splendor in the Grass'에서 나탈리 우드와 영화 최초
프렌치 키스를 통해 최고의 로맨틱 배우로 떠오르게 되었다.

B. 이 영화와 비슷한 콘셉트의 영화는?

미국의 어두운 치부라고 할 수 있는 인물들을 민속 영웅처럼 영화 속에서 둔갑시킨 사례는 아서 펜 감독, 워렌 비티와 페이 더너웨이 주연의 아카데미상 10개 부문에 노미네이트된 <우리에게 내일은 없다 Bonnie And Clyde, 1967>로 대공황 말기에 대중의 영웅으로 추앙받기도 했던 유명한 실존 은행강도인 클라이드 배로우와 보니 파커의 행적을 미화시키고 있다.

C. 이 영화의 유명세는?

이 영화는 아카데미 작품상, 감독상, 각본상, 영화 음악상, 촬영상, 남우주연상(워렌 비티), 남우조연상(하비 키이텔, 벤 킹슬리), 미술상, 의상상 등 10개 부분 후보에 올랐으나 최우수 미술상과 최우수 의상상을 받는 데 그쳤다. 당시 후보 부문이 겹친 <양들의 침묵The Silence of the Lamb, 1991>이 모든 상을 휩쓸었기 때문이다.

D. 벅시가 사막 한가운데 카지노를 건설한 원동력은?

다혈질에 잔인한 갱스터였던 그였지만 다른 한편으로는, 무솔리니를 암살하여 2차대전을 종식하겠다고 호언장담하고, 매일 밤 연기 연습을 하며 자신의 스크린을 은밀히 즐기기도 하는 이상주의자였던 벅시는, 화가 나면 재떨이를 던질 만큼 자신보다 더 불같은 성격의 여인 버지니아와의 뜨거운 사랑을 통해 동료들의 만류에도 불구하고 플라밍고라는 카지노 호텔을 라스베이거스의 사막 한가운데 짓기 시작한다. 벅시는 출장에서 집으로 돌아왔을 때 버지니아와 같이 있던 젊은 남자를 연인으로 착각하고 죽을 만큼 패주는데, 결국 동생임을 알고 사과하는 의미에서 최고급 승용차를 사주기도 한다. 그만큼 벅시는 버지니아에게 광적인 사랑을 하고 있었다.

E. 실존 인물 벅시는 어떤 사람인가?

41년간의 치열한 삶을 살다간 본명이 벤저민 시걸바움이던 그는 온갖 범죄에 연루되었고 악명이 높아 '벌레 같은 인간'이라는 뜻으로 붙여진 벅시가 본명으로 불렸다. 마피아는 흔히 영화 <대부>를 연상하며 이탈리아 마피아를 떠올리나, 벅시는 뉴욕 브루클린의 유대인 출신이었다. 결국 인원과 조직에 따른 부와 힘을 상징하는 이탈리아 마피아와의 대결에서 패하면서 1960년대 이후에는 자취를 감추게 된다. 이후 잔존의 힘없는 유대 마피아조직은 유대교 랍비들의 순화교육과 유대 마피아 1세대 자식들의 영재교육으로 2세대들은 전문직으로 사회 전반을 이끌어가는 층으로 변신을 하게 된다. 사막 한복판에 버려진 라스베이거스를 지금의 초유의 환락가를 건설할 수 있었던 사업구상능력은 그에게 흐르는 유대인의 피라는 설도 있다. 라스베이거스는 1995년 니콜라스 케이지가 주연한 <라스베가스를 떠나며Leaving Las Vegas, 1995>를 통해 도시의 화려함과 현란한 야경을 통해 '인간이 자신에게 선물하는 일탈의 기회'인 환락과 풍요함의 실체를 보여주는 동시에, 물질만능주의로 인한 소외된 현대인의 고독한 삶도 함께 보여주는 카오스(혼돈)의 도시로 부각된다.

에필로그

스페인의 작가 세르반테스는 "세상이 미쳐 돌아가고 있다면 누가 제정신일 수 있겠소? 너무 똑바른 정신을 가진 것이 미친 짓이요!"라 며 세상을 풍자하는 사상으로 쓴 작품 "라만차의 돈키호테Don Quixote de La Mancha"(1605)에서 환상과 현실이 뒤죽박죽인 기사 돈키호테와 같이 무모함과 저돌성을 가지고 있는 인물이 의외로 세상을 변화시켜 나가는 경우가 많다는 것을 일깨워준다. 합리적이고 논리적인 사람들 은 큰일을 추진할 때 지나치게 신중하여 일을 시작하기도 전에 포기하 기 쉽기 때문이다. 그래서 세상은 몽상가와 현실주의가 적절히 섞여 하모니를 만들어나가는 것이다. 인생은 덧없이 짧고 남겨질 예술은 영 원하기에 자신의 인생도 어떨 때는 과감하게 때론 신중함을 잘 엮어서 멋진 작품을 만들어나가야 한다. "용기 있는 자가 미인을 얻는다"라는 격언을 실천한 워렌 비티는 21세 연하의 미녀 아네트 베닝과 4자녀를 두고 행복하게 살고 있다.

42

마법의 토네이도 속으로 들어간 도로시!

트위스터Twister, 1996

프롤로그

어린 시절 만화책은 지 식탐구와 상상력을 키우는 데 큰 도움이 되었다. 지 금도 주인공들의 재밌는 표정과 말풍선 속 다양한 표현들은 오랫동안 기억에 남아 있다. 어른으로 성장  하면서 드라마와 영화 또한 삶을 살아가는 데 큰 즐거움과 지혜를 주었 다. 사람들이 비현실적 상황들을 '영화와 같은 삶'이라고 말하지만, 급변 하는 현재의 삶은 영화보다 더 영화 같은 드라마티컬한 삶이라는 것을 아무도 부인하지 못할 것이다. 과학, 역사, 상식, 직업의 특성, 패션, 건 축양식, 사랑의 방식, 세계인들의 문화 등 영화에서 배우고 엿본 시간은

직접 우주에 가보지 않고도 우주를 알고 타임머신을 타지 않아도 과거와 미래를 상상할 수 있다. 현재 코로나19 사태도 많은 재난 영화 속에서의 교훈과 적용점을 찾아내어 현실에서 큰 도움을 받을 수도 있다. 영화 <트위스터Twister, 1996>에서 악마의 토네이도를 알기 위해 죽음을 무릅쓰고 들어간 도로시 탐사대처럼 호랑이를 잡으려면 호랑이 굴로 들어가는 용기가 필요하다.

● 영화 줄거리 요약

1969년 6월 주인공이 어린 시절 미국 오클라호마에 불어닥친 강렬한 토네이도(회오리바람)로 조(헬렌 헌터 분)의 아버지는 지하실에서 가족을 지켜내다가 희생된다. 그 장면을 목격한 그녀는 아무 예고 없이 별안간 들이닥쳐 엄청난 인명피해를 주는 토네이도로 인한 희생을 막기 위해 악천후 전문 박사로 성장하면서 아버지를 앗아간 토네이도에 대항해 나간다. 그러나 같은 기상전문가인 그녀의 남편 빌리(빌 팩스로 분)는 그녀의 광적인 집착에 질려 결국 이혼을 결심한다. 빌리는 멜리사라는 심리치료사와 새로운 미래를 꿈꾸고 동시에 기상 전문 아나운서로 변신을 시도한다. 하지만 마지막으로 빌리가 이혼서류에 사인을 받기 위해 찾아간 현장에서 뜻밖에 상황에 직면한다. 바로 자신이 고안한 토네이도의 정체를 알아낼 수 있는 센서sensor가 탑재된 계측기 '도로시Dorothy'가 완성된 것을 보게 된 것이다. 이윽고 그는 승부 근성이 발동하여 최후로 토네이도 사냥에 동참하게 된다.

256

하지만 비열하게도 빌리의 기술을 도용한 후 대기업의 지원을 받는 조나스 밀러도 동참하게 되면서 토네이도 추격전이 경쟁전으로 바뀐다. 그러나 두 개의 폭풍 전선이 합류되며 파괴력이 증폭되는 희귀한 기상이변을 동반한 F5급 초강력 토네이도가 몰아닥치면서 생명을 건 전쟁이 시작된다. 한편 악당 조나스는 빌리의 경고에도 불구하고 고집을 부리다가 토네이도에 잔인하게 희생되고 만다. 천신만고 끝에 조와 빌리는 마지막 남은 4번째 도로시를 저승사자 같은 토네이도 속으로 밀어 넣는 데 성공하여 숨겨진 회오리바람의 실체를 밝혀낸다. 또한 죽음을 무릅쓰는 추적과정에서 조와 빌리는 일에 대한 열정만큼이나 서로를 깊이 사랑한다는 것을 깨닫고 뜨거운 키스로 재결합을 하게 된다.

● **관전 포인트**

A. 토네이도가 무서운 이유는?

토네이도는 시속 400km가 넘는 강력한 스피드와 예측 불가한 이동성으로 세기와 이동 경로를 정확히 파악할 수 없어 많은 인명피해를 발생시킨다. 토네이도의 정체를 미리 파악하면, 3분도 안 되는 긴박한 예보 시간을 15분이나 앞당겨 주민들에게 대피할 시간을 줄 수 있는 경보시스템이 만들어질 수 있게 된다. 이는 조 박사의 아버지와 같은 인명피해를 획기적으로 줄일 수 있게 된다.

B. 계측기 도로시Dorothy의 용도는?

토네이도를 연구하는 과학자들이 오랜 세월을 연구했지만, 토네이도의 실체는 잘 파악되지 않았다. 돌풍 내부의 수치를 과학적으로 잴 수 없으니 속에서 일어나는 상황과 구조를 알 수 없었다. 하지만 빌리는 직접 개발한 계측기인 도로시(오즈의 마법사의 주인공 도로시가 에메랄드 시티에 사는 오즈의 마법사의 실체를 알아냈듯이 미지의 토네이도 정체를 알아내려는 염원이 담김)를 토네이도 안에 밀어넣어 수백 개의 감지기(센서)가 토네이도를 타고 빨려 올라가 토네이도를 정확히 분석하게 만든다. 머스코기 주립대학 감지기들이 돌풍과 같이 날면서 내부구조, 풍속과 흐름을 송신해서 지난 30년간 연구한 것보다 더 많은 자료를 30초 안에 얻어내는 시스템으로 역사상 처음으로 토네이도의 윤곽이 드러나게 되는 획기적 사건이다.

C. 빌리가 조와 이혼하려고 했던 이유는?

조는 어릴 적 토네이도로 인해 아버지가 희생된 트라우마를 가지고 있어 토네이도의 정체를 알아내기 위해 물불을 가리지 않고 위험에 몸을 던지게 된다. 그런 그녀에게 빌리는 "당신은 고집불통이고 강박관념에 사로잡혔어. 사고는 있기 마련이야, 그건 설명도 안 되고 예측도 못 하는 거야. 자신을 죽인다고 아빠가 살아오진 못해, 자신의 삶을 찾아야지 과거 속에 파묻혀 있지 말고 자기 앞에 뭐가 있나 보라고, 내가 있단 말이야"라며 독종처럼 일하는 그녀를 일깨우려 했지만 포기하지 않는 그녀에 질려 이혼을 결심했다. 하지만 도로시를 토네이도에 투입하는 목숨을 건 과정에서 서로의 깊은 사랑을 다시 확인하게 된다.

258

D. 빌리의 새로운 연인이 떠나간 이유는?

빌리는 조의 일 중독에 질려 불임 전문치료사인 멜리사와 결혼하려 한다. 하지만 이혼서류에 조의 사인을 받으러 왔다가 갑자기 불어닥친 토네이도를 추격하는 데 동참하게 된다. 이 과정에서 멜리사는 탐사대원들이 위험을 무릅쓰는 행태에 놀라게 되고 두 사람의 유대와 사랑 또한 깊다는 것을 목격하고 스스로 떠나가게 된다.

E. 계속 실패하던 계측기를 토네이도 속에 넣을 수 있었던 방법은?

번번이 강한 바람에 도로시가 쓰러져 실패하던 조는 와키타에 있는 메그 이모를 구하기 위해 갔다가 이모의 집 앞에서 바람에 돌아가는 모빌 조형물을 본다. 이 원리를 이용해 탐사대원들과 함께 빈 알루미늄 콜라 캔을 잘라 계측기 도로시 볼에 바람개비를 붙여 토네이도 속에 집어넣게 된다. 수많은 도로시 볼은 토네이도 속으로 날아들어가면서 중심권 온도 등 미지에 있던 토네이도에 관련된 많은 자료가 분석되기 시작한다.

F. 조와 빌리가 토네이도 속에서 살아나온 방법은?

조와 빌리는 토네이도 속으로 도로시를 성공적으로 밀어넣었으나, 예상과 달리 회오리바람은 두 사람을 향해 다시 돌아오게 된다. 절체절명의 상황에서 두 사람은 인근 종마장으로 뛰어들어가 9m가량 깊게 박힌 수도 배관에 안장용 가죽끈을 몸에 감아 온몸으로 토네이도가 지나갈 때까지 버틴다.

에필로그

—

    영화 <트위스터>에서 어마어마한 굉음과 낙뢰가 번쩍이는 토네이도를 추격하는 탐사대들은 "보통 사람들은 위험을 피하면서 살아간다. 하지만 모험정신의 소유자는 위험을 따라간다!"라며 다 함께 음악을 틀고 고함을 치면서 점점 토네이도 세력이 강해질수록 집념을 불태운다. 어떤 탁월한 결과물을 내는 데는 강한 집념과 끊임없는 호기심, 그리고 거침없는 실행력을 갖춘 괴짜들이 중심에 있는 경우가 많다. 영화 주인공 조도 일생을 걸고, 자신의 비극이 남에게는 되풀이되지 않도록 처절히 싸우는 눈물겨운 모습을 보여준다. 의미 있는 삶을 영위하기 위해서는 자신의 현주소를 매 순간 정확히 성찰하고 가치 있는 신념을 향해 거침없이 매진해야 한다. 진정한 명품은 물질이 아닌 바로 탁월한 사유의 시선으로 운명의 돌풍에 도전해 나가는 사람들이다. 1508년 미켈란젤로가 4년간 고개를 뒤로 젖힌 채 천장에 물감을 칠해 나가는 고된 작업으로 목과 눈에 이상이 생기면서 탄생시킨 시스티나 예배당 천장의 웅장하고 숭고한 위대한 작품 '천지창조'처럼 목숨을 걸지 않으면 걸작은 탄생하지 않는 것이다.

43
사랑의 수맥을 찾아서!

워터 디바이너The water diviner, 2014

프롤로그
—

인류는 수없이 반복되 는 전쟁과 질병에도 많은 고통과 위기를 견뎌내며 지금까지 살아남았다. 한 오백 년을 사는 게 그리 녹록지 않은 게 현실이란 걸 살아가면서 더 절실히  느낀다. 하지만 이러한 고통 속에서도 삶은 살아갈 만한 가치가 있다. 그것은 바로 가족이나 사랑하는 사람과의 깊은 교감과 위안이 있기 때 문이다. 실화를 바탕으로 한 영화 <워터 디바이너The water diviner, 2014>는 전쟁터에서 실종된 세 아들을 데리러 머나먼 길을 떠난 아 버지의 부성애와 지구촌 곳곳에서 발견하는 사람들의 슬픔과 가족애 를 깊이 공감하게 한다. 영화 속 아버지는 거대한 사막 폭풍에서 아이

들을 보호하고 안심시키기 위해 <아라비안 나이트, 마법의 양탄자>에 나오는 '탱구'라는 마법을 외우게 하는데, 이 장면은 인생살이에는 누군가를 위해서 살아가야 할 소중한 이유가 있다는 것을 알게 한다.

● 영화 줄거리 요약

제1차 세계대전 중 호주와 뉴질랜드로 구성된 연합군 세력은 고립된 채 싸우고 있던 러시아에 물자를 보급하기 위해 독일의 주 동맹국인 터키의 갈리폴리상륙작전을 강행한다. 7개월간 치러진 전투에서 연합군은 약 22만 명의 사상자를 내며 철수했고, 터키군 역시 약 25만 명의 사상자를 내는 막대한 희생을 치렀다. 갈리폴리 전투가 끝나고 4년 후, 호주 빅토리아주 북서부에서 전투에 참전해 세 아들을 잃은 코너(러셀 크로 분)는 아내 리지마저 스스로 목숨을 끊자, 아들들을 찾기 위해 호주에서 출발하여 낯선 땅 터키 이스탄불로 향한다. 터키에 도착해 우연히 만난 한 소년에 이끌려 얼떨결에 숙소를 정하게 되고 소년의 어머니이자 숙소의 주인인 아이셰(올가 쿠릴렌코 분)를 만나게 되지만, 갈리폴리 전투에서 연합군에 의해 남편을 잃은 그녀는 증오심과 적대감으로 가득하다. 아무런 정보도 없이 아들을 찾아 나선 코너는 현장에서 적으로 직접 싸웠던 터키군 유해발굴조사단 소령 핫산 베이(제이코트니 분)를 통해, 큰아들은 죽지 않고 아피온 수용소의 포로가 되었다는 단서를 얻게 된다. 직관을 통해 아들이 살아있다는 것을 느낀 코너

262

는 호주로 돌아가는 배를
타지 않고 핫산 소령이 이
끄는 터키 레지스탕스들과
기차를 타고 가던 중 그리
스군의 습격을 받고 구사
일생으로 탈출한다. 마침
내 아피온에서 풍차를 짓

고 교회에서 성상을 칠하는 아들을 찾게 된다.

● **관전 포인트**

A. 주인공 코너의 직업은?

　탐사봉을 이용해 수맥을 찾는 워터 디바이너이다. 호주처럼 3-4
년씩 비가 오지 않는 척박한 환경에서 생명과 같은 물을 찾아내는 만
큼 그들은 강인한 생명력과 통찰력을 가진 사람으로 통한다. 그가 1만
4천km나 떨어진 터키를 찾아온 것도 오랜 경험으로 터득한 직관의
힘으로 아들이 살아있을 것이라고 믿었기 때문이다. 그의 등장은 여전
히 호주를 적대시하는 일부 터키인과 이미 갈리폴리에서 전사자의 유
해를 수습 중인 영국군에게도 환영받지 못한다.

B. 코너가 잃어버린 세 아들을 찾아 떠난 이유는?

　전쟁터에서 세 명의 아들을 모두 잃은 코너의 부인은 "당신은 물은
잘 찾으면서 자기 자식들은 못 찾죠?"라고 절규하며 스스로 목숨을 끊
자, 코너는 아들의 시신이라도 찾겠다는 일념으로 전운이 채 가시지
않은 터키로 향한다. 아무런 정보도 없이 빛바랜 아들의 흑백사진만
들고서다. 자칫 무모하게 보일 수 있는 코너의 행동은 자신의 권유로

전쟁터로 떠났던 세 아들에 대한 죄책감과 상실감, 그리고 자식들을 데려오겠다는 스스로에 대한 다짐이기도 했다.

C. 아들을 찾는 여정에서 깨닫게 되는 것은?

갈리폴리 해안과 참호에는 전쟁에 참전했던 수많은 사람의 사랑, 상실, 슬픔이 남아 있다. 명분상 전쟁은 가해자와 피해자로 나뉘지만, 실제로는 모두 희생자인 그들의 상처를 통해 타인과 자신에 대한 용서를 배우게 된다. 호텔 안주인 아이셰는 처음엔 자신의 남편을 잃게 한 호주인 코너를 증오하지만, 세 아들과 부인을 잃은 것을 알고 동병상련을 느껴, "허가증 없인 갈리폴리에 못 가지만, 배를 타고 차낙으로 가서 어부에게 돈을 쥐어주면 해협을 건너게 해 줄 것"이라고 도움의 손길을 내민다. 한때 적군이던 터키군 핫산 소령도 반대하던 영국 유해발굴단 중령에게 "아들들을 찾아 나선 유일한 아버지"임을 설득하여 협조를 구하게 된다.

D. 첫째 아들 아서의 생사를 확인하는 과정은?

제7호주대대에 근무하던 둘째 헨리(19세)와 막내 에드워드(17세)의 유골을 발견한 후, 영국군은 코너에게 강제로 터키를 떠날 것을 명령하지만, 첫째 아들의 생사를 확인하지 못해 아직 떠날 수 없었다. 터키는 내부적으로도 민족주의 운동으로 혼란을 겪고 있었고, 그리스가 터키 서부해안을 공격하면서 분쟁 중이기도 했다. 그 와중에도 코너는 워터 디바이너의 통찰력으로 아들이 살아있을 것이란 직감으로 목숨을 걸고 여정을 이어간다.

E. 터키의 이국적인 풍경과 인물은?

◇ 과거 치열했던 보스포루스 해협은 현재 전쟁에서 사망한 군인들

264

을 추모하기 위한 국립공원으로 남아 있고, 이는 아름다운 경관과 함께 역사를 돌아볼 수 있는 대표적인 관광명소이다. 또한 터키 특유의 분위기를 물씬 풍기는 이국적인 이슬람 사원 '블루 모스크'가 유명하다.

◇ 터키 건국의 아버지 무스타파 케말 아타튀르크(1881 – 1938): 제1차 세계대전 중에는 군사령관으로 활약했고, 전후 조국 해방운동을 조직 후 승리하여 오스만왕조를 멸망시킨다. 1923년 연합국과의 로잔조약에서 터키의 독립을 확보하고 앙카라를 수도로 한 터키 공화국의 건국 대통령으로 취임하여 터키의 근대화에 지대한 업적을 남겼다.

F. 큰아들이 고향으로 돌아가길 포기한 이유는?

전쟁터에서 쓰러진 자신을 구하러 온 두 동생이 적군의 기관총에 죽자 자신의 실수로 죽었다고 자책하며 포로수용소가 있던 아피온에서 풍차를 짓고 낡은 교회에서 성상을 칠하며 회개하며 살게 된다. 하지만 아버지의 간절한 설득으로 마을을 공격해 오는 그리스군을 피해 탈출하여 아이셰의 호텔로 돌아오고, 코너는 달콤한 커피를 통해 그녀의 마음을 읽고 그녀의 사랑을 얻게 된다.

에필로그

—

영화에서 주인공이 사랑하는 아들을 찾기 위해 죽음을 무릅쓰고 전쟁터를 누빌 수 있었던 것은, 누구도 대신할 수 없는 같이 지낸 소중한 시간과 경험이 있었기 때문이고 그 속에서 쌓인 깊은 교감과 직관을 통해서 디바이너가 물을 찾아내듯이 정확한 장소로 발걸음이 움직인 것이다. 사랑하는 사람들에게는 굳이 설명하지 않아도 이해하고 위로하고 희생할 힘이 작동하는 것이다. 매일 전화나 문자로 사랑을 표현하고 값비싼 선물을 주고받지 않아도, 있는 일상 그 자체로 즐거움과 감동을 주고받을 수 있어야 진정 평화롭고 행복한 사랑일 것이다.

44
행복 쿠폰이
도착했습니다!

에이 아이^{Artificial Intelligence}, 2001

프롤로그

—

어릴 적 즐겨보던 데쓰카 오사무의 만
화영화 <우주소년 아톰^{Astro Boy, 1963}>
에서 과학청장관 텐마 박사는 사고로 잃
은 아들을 대신해 아톰이라는 로봇을 만
든다. 아톰은 자신의 정체성을 찾아서
고민하고 미래 사회에서도 결국 사랑,
우정, 헌신과 같은 인간적이고 기본적인
가치만이 희망이라는 생각을 보여준다.
이 영화를 연상시키는 영화 <에이 아이
Artificial Intelligence, 2001>는 아들이 식

물인간이 되자 아들을 대신해 입양한 AI 로봇을 실제 아들이 깨어나
자 버리게 되지만, 그 AI 로봇은 엄마의 정을 온전히 자신의 것으로

만들기 위해 모든 노력을
다하다가 결국 천사의 도
움으로 소망을 이루게 된
다. 우리는 눈만 뜨면 당
연히 내일이 찾아온다는
생각에 오늘 하루의 소중
함을 잊고 살아가고 있지

만, AI에게 찾아온 마지막 행운은 엄마와의 단 하루 동안의 시간이었
다는 것을 잊지 말고 지금, 이 순간을 마지막 선물처럼 보내야 한다.

● 영화 줄거리 요약

　어느 날 하비 박사는 감정이 있는 로봇을 만들겠다고 선언한 후,
계획에 따라 로봇 회사 '사이버 트로닉스사'를 통해 감정을 가진 최초
의 인조인간 데이빗(할리 조엘 오스먼트 분)을 탄생시킨다. 인간을 사랑하
게끔 프로그래밍이 된 최초의 로봇 소년 데이빗은, 친아들 마틴이 불
치병에 걸쳐 치료 약이 개발될 때까지 냉동된 상태로 있던 스윈튼 부
부에게 입양되어 그들 부부의 아들 역할을 하며 인간사회에 적응해 간
다. 어느 날 친아들 마틴이 퇴원하면서 사사건건 문제가 발생하자 스
윈튼 부부를 부모로 여기던 데이빗을 제조사로 반품하려던 양부모는
데이빗이 폐기되는 것을 막기 위해 근처 숲에 버리고 만다. 하지만 엄
마가 들려준 피노키오 동화를 떠올리며 진짜 인간이 되면 잃어버린 엄
마의 사랑을 되찾을 수 있다고 생각한 데이빗은 자신의 장난감이자 친
구이며 보호자인 슈퍼로봇 테디 베어를 데리고 여행을 떠난다. 도중에
만난 살인 누명을 쓴 연애 로봇 지골로 조(주드 로 분)가 데이빗과 동행
하고 두 인공지능은 로봇 사냥꾼의 추적을 피해 수몰된 세상의 끝 맨

268

해튼까지 찾아가지만 이미 지구온난화로 빙하가 녹아 지구의 모든 생명은 멸종한 상태이다. 이때 초능력을 가진 외계 생명체는 엄마인 모니카(프란시스 오코너 분)를 찾아 헤매는 데이빗  의 절실한 소원을 이루어주게 된다.

● 관전 포인트

A. 주인공 데이빗이 간절히 바라던 것은?

　인간 부모에 입양된 데이빗은 엄마가 읽어준 동화책에서 나무 인형 피노키오가 착한 일을 통해 인간 소년으로 다시 태어났듯이 자신도 그렇게 되길 푸른 요정에게 간절히 기도한다Please, please make me a real boy. 2000년이 지나 외계인에 의해 깨어나고 외계인들은 인간의 기억을 가지고 있는 데이빗을 특별하게 생각하며 그의 기억을 읽고 그가 간절히 원했던 소원 속 푸른 요정을 만들어 그의 소원을 들어준다.

B. 데이빗의 양부모가 자신을 버리려 하자 절규한 말은?

　냉동인간이었던 진짜 아들이 살아 돌아와서 사사건건 데이빗과 문제를 일으키자, 양부모는 데이빗을 로봇 처리장에 버리려 한다. 이를 눈치챈 데이빗은 "진짜가 아니어서 미안해요, 엄마! 제발 날 버리지 말아요"라고 호소하지만, 엄마는 손에 약간의 돈을 쥐여주고 도망치듯 떠나고 만다. 이 장면에서 반려동물이 귀찮아지면 버리는 인간의 씁쓸함을 느끼게 된다.

269

C. 로봇 파괴 쇼Flesh Fair란?

버려진 로봇을 파괴하며 인간으로서의 우월감을 즐기는 잔혹한 로봇 분해 쇼로, 마치 과거 로마 시대 원형경기장에서 시민들이 검투사들의 사투를 즐기는 모습을 느끼게 한다. 이 도살장 쇼에서 파괴될 로봇으로 선정된 데이빗은 너무나도 인간 아이 같아서 주최 측을 성토하는 관중들에 의해 구조된다. 로봇 쇼는 어떻게 보면 탐욕과 열등감에 가득 찬 인간들이 자신들보다 더 지적이고 우월한 로봇들에게 복수하는 파괴적 쇼이기도 하다.

D. 외계 생명체가 들어준 소원은?

"저를 인간으로 만들어주세요. 엄마가 나를 사랑하고 함께 살 수 있게요"라며 진짜 소년이 되어 오롯이 엄마의 사랑을 받고 싶어 하는 데이빗의 간절한 마음에 외계인은 "난 인간이 영혼이라는 걸 갖고 있어서 부럽단다"라며 마침 어릴 적 장난으로 잘라둔 엄마의 머리카락을 복제하여 사람으로 환생시켜 준다. 하지만 이 마법은 단 하루 24시간만 살릴 수 있기에 데이빗은 엄마가 좋아하는 커피를 끓여주고, 테디베어와 셋이서 숨바꼭질도 하고, 생일파티도 하며 마치 하루를 영원처럼 행복하게 보낸다. 엄마는 오늘이 며칠이냐고 묻자, "오늘은 오늘이에요Today is today"라며 하루 동안의 행복을 후회 없이 온전히 보내려 한다.

E. 데이빗이 푸른 요정을 찾아 나선 긴 여정은?

지골로 조의 도움으로 피노키오를 소년으로 만들어주었다던 푸른 천사를 찾아 헤매게 된다. 척척박사인 AI 박사가 얘기해 준 "세계의 끝, 사자가 눈물을 흘리는 곳에 가면 진짜 사람이 될 수 있다"라는 말을 듣고 맨해튼으로 찾아가 물에 잠긴 놀이동산의 푸른 요정의 동상을 보게 된다. 도움을 주던 지골로 조는 결국 로봇 사냥꾼에 잡혀가며 "나는 존재해, 나는 존재했었어"라며 데이빗에게 외친다. 이 장면은 <블레이드 러너Blade runner, 1982>에서 자신의 존재를 증명하기 위해 인조인간들이 들고 다니던 가족사진과, 유일하게 자신을 기억하는 형사를 죽이지 않고 살려둠으로써 자신의 존재를 기억하게 하려는 서글픈 장면이 연상된다.

에필로그

로봇공학의 발전은 AI의 급속한 진화를 통해 어느 순간 인간의 감정까지 보유한 수준의 로봇까지 만들어낼 것이다. 현대 사회 속에서 점차 비혼, 비출산이 보편화하면서 AI는 새로운 가족 형태로 자리 잡게 된다. 영화 <에이 아이Artificial Intelligence>에서 인간이 로봇을 사랑이 필요할 때만 데리고 있다가 필요 없으면 로봇 처리장에 가져다 버리는 일은 상상만 해도 끔찍한 일이다. 마치 라디오와 같이 사랑을 끄고 켤 수 있는 편의적 욕구를 보여준다. 하지만 진정한 사랑에는 책임이 따른다는 것을 알아야 한다. 또한 인간이 끝없이 추구하는 소유와 집착의 사랑이 얼마나 탐욕적인지도 생각해 보게 한다. 주인공 데이빗처럼 하루 동안 엄마와의 행복이 영원한 소원이 될 수 있는 그런 소중한 선물 같은 나날을 만들어가길 기대해 본다.

45
우주에서 길을 잃다!

로스트 인 스페이스Lost in space, 1998

프롤로그
—

1952년 일본의 만화가 데즈카 오사무는 인간미가 있는 '철완 아톰'이라는 상상력이 가득한 로봇 주인공을 만들어냄으로써 1945년 전쟁에서 패망한 일본의 젊은이들에게 다시 한번 재기할 수 있는 꿈과 용기를 준다. 그로부터 일본은 전자와 자동차 산업에서 세계 일류의 제품들을 만들어냈고 급기야 한국전쟁의 병참기지 역할을 하면서 확실한 선진국으로 발돋움할 수 있었다. 최근 세계의 리더들은 미래의 먹거리는 오직 인공지능AI 산업의 선점을 누가 하느냐에 달렸다는 데 한 치의 의심도 가지지 않고, 모든 국가적인 리소스를 집중시키고 있다.

인간의 모습을 닮은 로봇은 아니지만, 자율 자동차와 로봇 청소기 등의 상용화는 이미 로봇이 가전제품의 형태로 우리의 일상에 깊숙이 들어오고 있음을 일깨워 준다. 미국에서 1965.9.15. − 1968.3.6.까지 CBS에서 제작 방영하여 인류의 미래를 상상력과 함께 제시한 드라마 <로스트 인 스페이스Lost in space, 1998 >는 1960년대 <스타트렉 Star Trek > 시리즈와 함께 시청자들에게 많은 과학적 영감을 제공하기도 하였다. 매주 에피소드 형태로 진행되는 다양한 행성에서의 외계 생명체 등 위험과의 조우에서 그것을 로빈슨 가족들이 끈끈한 가족애와 슬기로움으로 극복해 나가는 과정과, 내부 스파이 스미스 박사 역시 서서히 인간성을 회복해 나가는 과정 그리고 로빈슨 박사의 막내아들 월과 로봇의 우정을 보며 행복감을 느끼곤 한다.

● 영화 줄거리 요약

공해와 오염으로 수명이 다한 서기 2058년의 지구, 인류는 지구와 닮은 행성 '알파 프라임'을 식민지로 삼기 위한 계획을 세우고 과학자 로빈슨 박사(윌리엄 허트분)와 그의 가족들이 주피터 2호를 타고 알파프라임으로 향한다. 그러나 알파프라임 행성을 자신들의 것으로 만들려는 테러 집단 '글로벌 세디션'은 스미스 박사(게리 올드만 분)를 스파이로 심어놓고 로봇을 조작하여 주피터 2호의 내비게이션 장치를 파괴하고자 한다.

그러나 그 과정에서 스미스 박사 역시 조직의 배신을 당해 우주선에서 빠져나오지 못하게 되고, 로빈슨 가족과 함께 위험한 상황에 처하게 된다. 비상사태로 인해 동면 상태에서 깨어난 로빈슨 박사는 주피터 2호가 이미 태양의 중력장 안으로 끌려가고 있음을 알고 최후의 이동 수단인 하이퍼 드라이브를 사용해 위치를 알 수 없는 미지의 은

하계로 점프 후 이동하게
된다. 그곳에서 악전고투
로 길을 찾던 주피터 2호
와 가족들은 또 다른 지구
우주선을 발견하게 되는
데, 그 우주선은 훨씬 미
래 차원에서 자신들을 구
조하기 위해 추적해 온 지
구 우주선임을 알게 된다. 그리고 그곳에서 거미 형태의 외계 생명체
를 만나게 되고 전투를 벌이게 된다.

그 과정에서 스미스 박사가 거미에게 크게 다치고, 우주선이 폭발
하면서 주피터 2호는 근처 다른 행성에 불시착한다. 다시 우주로 나아
가기 위한 에너지원을 찾기 위해 로빈슨 박사와 조종사 웨스트 소령은
가족들을 남겨두고 떠나게 된다. 한편 로빈슨 박사가 찾아온 미래 차
원의 장소에는 자신들을 기다리다가 이미 사망한 가족들의 무덤과 마
지막까지 기다리며 어른으로 성장한 아들 윌과 로봇이 도망간 아버지
를 저주하며 살아 있는 모습을 발견하게 된다. 그러나 아버지가 결코
가족들을 버리지 않았다는 것을 알게 되고, 오해를 푼 윌은 자신이 발
명한 타임머신에 아버지를 태워 과거(추락하기 전인 주피터 2호)로 돌려보
내서 가족들을 모두 구하게 된다. 거미에게 공격받은 후 괴물이 된 스
미스 박사는 결국 악의 죗값을 받게 된다.

● 관전 포인트

A. 로빈슨 박사의 아들 윌과 로봇의 끈끈한 우정

실제로 로봇은 자신을 만든 악당 스미스 박사의 말보다 정의감과 용기가 있고 배려심이 있는 윌의 말을 잘 따르는데, 이에 스미스 박사가 기회만 있으면 로봇을 망가뜨리려고 시도하는 것을 보면서 잘 교육된 로봇은 사악한 인간보다 더 정직하고 유용할 수 있다는 교훈을 배운다.

B. 다양한 과학적인 상상력

이 영화는 사전 기획 단계부터 미항공우주국NASA에 우주선 모형을 비롯하여 미래 시뮬레이션 공간, 타임머신 광속터널 등에 관한 고증을 의뢰하는 등 많은 준비 단계를 거쳤다. 또 21세기 사이버 공간의 재현을 목표로 홀로그램Hologram을 위시한 8백여 개 이상의 다양한 특수효과, 윌의 로봇 원격조종그래픽, 11단계를 거친 정교한 사운드 믹싱작업을 하기도 하였다. 특수 효과가 영화 전체의 75%를 차지하는 상상력 가득한 영화이다. 특히 하이퍼 드라이브를 탈 때 붕 떠 있는 캐릭터들 주변을 카메라가 도는 것은 비슷한 특수효과로 유명해진 영화 <매트릭스The Matrix, 1999>보다 1년 앞서 선보인 특수 효과이다.

C. 소설 "로빈슨 크루소" 연상

18세기 영국 소설가 다니엘 디포가 쓴 "로빈슨 크루소"(1719)를 연상하게 된다.

어려서부터 바다를 좋아해서 "지구상의 바다를 모조리 정복하고 말겠다"는 꿈을 키워 왔던 로빈슨 크루소는 19세에 마침내 선원이 되고, 항해 도중 폭풍우에 배가 가라앉아 가까스로 구조되는 등 위험을 겪기

276

도 하지만, 선원으로서의 삶을 포기하기는커녕 오히려 아프리카로 가는 더 험난한 항해를 택하게 된다. 그러나 항해 도중 카리브해 인근에서 폭풍을 만나 침몰하고 혼자만 살아남아

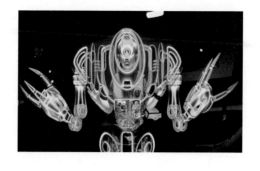

외딴 무인도에서 원주민 프라이데이와 27년간 살아가다가 우여곡절 끝에 고향인 영국으로 돌아가게 된다는 모험 진지한 스토리이다. 이 소설에서 로빈슨 박사 가족들이 우주에서 미아가 되어서도 용기와 꿈을 가지고 끝까지 도전해 나가는 점이 비슷하다.

에필로그
—

최근 많은 영화에서 로봇이 등장하면서, 미래 사회에서 로봇이 지금의 스마트폰처럼 가전제품화될 가능성이 크다는 생각이 든다. 로봇의 역할 또한 무한대로 넓어질 것이다. 현재도 고도화되는 자율자동차와 IBM의 왓슨 같은 의료 AI, 일본 소프트뱅크의 손정의 회장이 만든 '페퍼' 로봇은 다양한 용도로 실용화되기도 하였다. 미래 로봇의 역할은 점점 지능화되어 가는 범죄 사건에서 예방과 해결의 보안관 역할, 맞벌이 부부에게는 자녀를 안전하게 맡길 수 있는 충실한 아이 돌보미, 독신자나 노인들의 외로움을 달래주는 신개념 반려로봇, Deep learning이 구동되는 슈퍼컴을 장착한 로봇에서는 각종 어학 및 맞춤형 지식학습 채널로도 활용될 것이다. 만화나 영화에서 상상력으로 시

작된 로봇이 이제 우리의 실생활에 더욱 깊숙이 그리고 더욱 편리하게 자리 잡을 날이 머지않았지만, 이 시점에서 우리도 선의의 활용자와 동반자로서 바람직한 관계 설정과 적합한 윤리의식도 생각해 보는 것이 필요할 것이다.

46
잠자는 박물관을 깨워라!

박물관이 살아있다Night at the museum, 2006

프롤로그
—

복고를 요즘 감각으로 새롭게 재해 석한 뉴트로New-tro가 밀레니얼, Z세 대를 통칭하는 MZ세대와, 4050세대에 큰 호응을 얻고 있다. 그때 그 시절 감 성을 떠올리게 하는 맛과 패키지 디자 인을 적용한 제품을 출시하거나, 과거 히트 상품을 재해석해 화제를 모으고 있고, 옛날 공장 부지를 개조하여 카페 로 만들어 다소 촌스러운 풍경을 통해 과거의 향수를 불러일으키는 곳도 많

아졌다. 영화 <박물관이 살아있다Night at the museum, 2006>에서 주 인공은 박물관에 전시된 과거의 인물들을 현실에서 되살려 다시 한번 그들의 생각과 열정을 통해 자신의 문제점을 해결하는 데 접목하는 지

혜를 발휘한다. 잠자는 역사를 깨워 자신의 마음속에 되살려 같이 공존할 수 있다는 것을 실감하게 된다.

[미국 자연사 박물관: 미국 뉴욕에 있는 세계적인 박물관으로 1869년 설립되어 센트럴 파크 서쪽 79번가 공원 지역에 위치하며, 여러 양식을 혼합한 석조 건물에 46개 상설 전시관, 연구 실험실, 도서실을 갖추고 있다. 자연사 박물관은 자연과학자 앨버트 빅모어 박사의 꿈을 실현한 것이다. 빅모어는 하버드 대학에 다닐 때 뉴욕에 자연사 박물관을 설립하자고 수년간 줄기차게 로비했고 마침내 유력 후원자들에 의해 이뤄졌다. 생물학, 생태학, 동물학, 지질학, 천문학, 인류학 등의 분야에 걸쳐 320만 개 이상의 표본을 소장하고 있으며, 그중에 일부(약 0.02%)만 전시된다.]

● 영화 줄거리 요약

엉뚱한 발명 아이템으로 하는 일마다 늘 실패만 하는 래리 델리(벤 스틸러 분)는 그를 더 이상 견뎌내지 못한 부인이 곁을 떠나자 하나밖에 없는 아들에게만큼은 떳떳한 아버지가 되기 위해 직장을 찾아 나선다. 그러다가 그에게 온 유일한 기회가 모든 사람이 꺼리는 자연사 박물관의 야간 경비원 자리였다. 아무것도 내보내지 말라는 선배 경비원의 기이한 인수인계를 들은 근무 첫날 밤, 래리는 박물관의 전시물들이 살아 움직이는 놀라운 광경을 목격한다. 박

물관 전시품들은 매일 밤 제멋대로 움직이며 래리를 괴롭힌다. 마야인들, 로마의 글래디에이터들, 카우보이들이 살아나 그들끼리의 전쟁을 벌이기 시작하고, 네안데르탈인은 자신의 디스플레이 케이스를 불태우고, 가장 포악한 공룡 티라노사우루스는 래리를 못 잡아먹어 안달이다. 이런 대혼란 속에서 래리에게 교훈을 주는 상대는 왁스 모형인 루즈벨트 대통령(로빈 윌리엄스 분)뿐이다. 아들을 위해 어떤 역경 속에서도 박물관을 무사히 보호해야만 하는 래리는 천천히 그들을 이해하기 시작하고, 친해지면서 박물관의 비밀도 풀고 자신의 인생도 정상으로 되돌리는 데 성공한다. 후속편인 2편 <박물관이 살아있다 2Battle of the Smithsonian, 2009>, 3편 <박물관이 살아있다: 비밀의 무덤Secret of the tomb, 2014>이 개봉되었다.

● 관전 포인트

A. 박물관의 전시품이 밤마다 깨어나는 비밀은?

　1952년 이집트에서 옮겨온 아크멘라의 보물인 석판이 박물관의 모든 생명체를 밤마다 깨운 것이고, 전시물이 빛에 노출되면 먼지가 돼버리기 때문에, 선배 경비원들이 아무것도 내보지 말라고 했던 것이다.

B. 주인공이 전시품들과 좋은 관계를 만들게 된 계기는?

래리는 원숭이의 진화, 서부시대 개척사, 훈족의 역사 등 역사책으로 공부를 하며 그들을 이해하기 위해 노력했고, 특히 말썽꾸러기 원숭이에게는 사랑과 존경으로 대하며 협력자로 만들어나간다.

C. 아들을 데려왔지만, 전시물들이 움직이지 않은 이유는?

그동안 아빠 노릇을 못 한 래리는 아들을 깜짝 놀라게 해 주려고 박물관으로 데려왔지만, 아크멘라의 보물인 태블릿이 사라져 전시물들의 생명력이 없어진 상태였다. 석판은 밤에 태어난 아크멘라를 위한 그의 아버지인 파라오 머렌크레의 선물로, 제사장에게 명령하여 달의 신비한 힘이 깃들게 만든 석판은 사후에도 다시 깨어날 수 있도록 만들었지만, 달빛을 충분히 충전하지 못하면 망자의 존재는 동이 틀 때 사라지게 된다.

D. 3명의 선배 경비원들의 비밀은?

늙은 3명의 경비원은 박물관에 근무하면서 해뜨기 전까지 자신들이 아주 팔팔하게 새로운 젊은 삶을 얻는다는 것을 깨닫고, 젊은 래리가 경비원으로 오자, 보조열쇠를 만들어 아크멘라의 석판을 훔쳐 달아나면서 래리를 범인으로 몬다. 래리는 석판의 주인 아크멘라를 부활시켜 전시물들과 함께 석판을 찾기 위해 나서고, 도망가는 늙은 경비원이 타고 가는 현금 수송말에게 '다코타'라는 암호를 걸어 멈추게 하여 석판을 되찾게 된다. 밤새 난장판이 된 박물관의 책임을 물어 박물관장은 래리를 해고하지만 난장판이 된 박물관에 방문객이 급증하자 다시 래리는 복직된다.

E. 래리가 경비직을 그만두지 못한 이유는?

◇ 아들에게 별 볼 일 없는 아빠가 아닌 멋진 아빠로 보이기 위해서다.

◇ 자신이 한눈파는 사이 박물관을 빠져나간 원시인이 빛에 노출되어 먼지가 되어 사라지는 것을 보고 자신의 역할의 중요성을 깨닫게 된다.

◇ 루즈벨트 밀랍 인형의 "맡은 일은 끝내야지, 포기하면 안 돼"라는 격려 때문이다.

에필로그

영화 <토이 스토리Toy story>에서 사람들이 없는 사이 애착 인형들이 되살아나 인간들의 세상에 관여하듯이, 우리들의 주변에는 오랜 세월 축적된 삶의 지혜가 담긴 것들이 박물관과 개인의 창고에 잠들어 있다. 이것을 컴퓨터에서 꺼내 재생시키듯 부활시킬 수 있는 지혜를 발휘한다면 독창적이고 혁신적인 솔루션을 일과 생활에 접목하여 성공적인 삶을 사는 데 크게 활용할 수 있을 것이다. 역사가 되살아날 수 있는 곳은 바로 그 점을 깨닫는 생각의 변화 시점이다. 주인공은 그런 점을 깨달아 일과 삶에서 행복을 되찾게 된다.

47
마음속 유령을 쳐부숴라!

고스트버스터즈Ghostbusters, 1984

프롤로그

—

우리는 보이지 않는 적에 강한 공포를 느낀다. 그래서 코로나19가 무서운 유령처럼 다가오는 것이다. 하지만 더욱더 무서운 건 마음속 잠재된 두려 움과 패배감이다. 그래서 항상 건강한 몸을 가꾸고 긍정적인 생각을 통해 자신을 지켜야 한다. 영화 <고스트버스터즈Ghostbusters, 1984> 에서 가장 무서운 괴물은 바로 자신이 상상하는 공포가 만들어낸 것이라고 말한다. 결국 그 공포심은 자기 자신을 공격하게 만든다. 희로애락이 삶의 근본임을 받아들이고 일과 생활에 감사하는 마음으로 즐겁게 살아가는 것이 자신 안의 숨어 있는 유령을 잠재우고 행복한 삶을 유지할 수 있는 지름길이다. 충전된 에너지로 마음속 유령을 쳐부수자!

● 영화 줄거리 요약

유난히도 유령들이 들끓던 뉴욕 한복판 공공도서관 건물에서 이상한 조짐이 느껴진다. 이는 지구 종말을 이끌어오는 파괴의 신 고저를 강림시키기 위한 유령들의 모임이었다는

것이 밝혀지게 된다. 뉴욕에서 괴짜 교수로 유명한 피터 벤크멘(빌 머레이 분), 실수투성이 얼간이 레이몬드 스탠즈(댄 애크로이드 분), 가장 진지하고 과학적인 이곤 스펜글러(해롤드 래미스 분)와 신입사원 윈스톤 제드모어(어니 허드슨 분) 등 4인조는 뉴욕에 출몰하는 유령들을 잡기 위해 버려진 소방서에서 '귀신 잡는 대행 회사(고스트버스터즈)'를 설립한다. 그들은 앰뷸런스를 타고 광선총과 포획 상자를 들고 가지각색의 귀신을 잡아들이기 시작하고, 곧 타임스지에도 그들의 활약 기사가 실릴 정도로 성공한다. 한편 첼리스트 다나 베렛(시고니 위버 분)의 집에 찾아온 악의 신 주울은 다나의 몸속에 숨어들어 파멸의 신 고저를 영접하

286

게 되면서 고스트버스터즈 팀은 위기를 맞게 된다.

● 관전 포인트

A. 영화에 나오는 유령들의 종류는?

◇ 호텔 연회장에 나타나 침을 질질 흘리며 모든 것을 싹쓸이하는 녹색 먹깨비 유령 '슬라이머'

◇ 마시멜로맨(찐빵) 유령 '고저'

◇ 맹견 괴수 '테러독'

◇ 고저의 하수인으로 BC 6000년경 신화에 나오는 반신반인 '주울'

B. 다나를 방문한 피터 박사가 만나게 되는 것은?

고객인 다나와 데이트를 하기 위해 방문한 피터는 평소와 다른 다나의 모습을 발견하게 된다. 이미 다나의 몸에는 문지기 유령 주울이 들어가 있었고 옆집에 살던 루이스의 몸에 들어간 열쇠지기 빈즈 크로토와 접선 후 사랑을 나누면서 파멸의 신 고저가 부활하게 된다. 마치 영화 <엑소시스트The exorcist, 1973>에서 소녀의 몸 안에 깃든 악령의 모습과 흡사하다. 다나 역을 맡은 시고니 위버는 이후 <에이리언Aliens> 시리즈에서 여전사 엘렌 리플리로 명성을 날리게 된다.

C. 유령전쟁이 시작되는 계기는?

대학에서 형편없는 과학자라고 정직을 당한 후 스탠즈 박사의 집을 담보로 차린 '전문적인 이상 현상 조사 및 제거회사.' 그러나 이후 고스트버스터즈 본부에 들이닥친 환경보호청과 경찰은 환경파괴 업소라며 회사의 전기를 차단해 버린다. 이로 인해 그동안 저장 장치에 잡아놓은 모든 유령이 탈출하고, 고스트버스터즈 멤버들은 환경보호법을 위반한 혐의로 수감되는 위기를 맞는다. 한편 탈출한 유령들로 뉴욕시가 아수라장이 되자 시장과 시민들의 지지로 고스트버스터즈 멤버들은 유령들을 잡는 선봉에 서게 된다. 파멸의 신 고저는 "인간이 뭘 생각하면 그걸로 나타나 죽인다며 파괴자의 형태를 선택하라"라고 하자 실수로 고스트버스터즈 팀원 스탠츠박사는 저절로 거대한 마시멜로맨을 생각하게 된다. 이에 거대한 마시멜로 맨이 악령이 되어 다가온다. 하지만 고스트버스터즈 멤버들은 빛을 교차시키는 작전을 통해 유령들을 처치하게 된다.

D. 고스트버스터즈가 출동하는 방식은?

폐허가 된 소방서를 빌린 고스트버스터즈 멤버들은 비서가 유령출동의 벨을 울리면 마치 소방수들처럼 기둥에 설치된 철봉을 타고 내려와 아직 허가도 안 된 핵 추진 장치를 등에 메고 유령이 그려진 앰뷸런스를 타고 출동한다. 그들의 구호는 "왔노라, 봤노라, 잡았노라"이다. 이 장면은 마치 영화 <배트맨과 로빈Batman & Robin, 1997>의 출동 모습과 비슷하다.

E. 다나가 사는 아파트에 유령이 모이게 된 이유는?

순수 셀레늄 핵으로 만든 차가운 리벳 지붕이 있는 아파트는 그 건물 전부 그 자체가 거대한 초전도 안테나로 설계되어 있어 떠도는 악령들을 끌어모으고 있었다. 결국 유령 고저의 추종자 '이보 센더'가 설계한 이 건물은 아주 좋지 않은 그 어떤 것의 문에 해당하여 결국 파멸의 신 고저가 그 문을 통해 강림하게 된다.

에필로그

　모든 것을 너무 잘하려고 애쓰다 보면 삶이 힘들어진다. 삶에도 채움과 비움을 적절히 엮어 집중할 때는 과감히, 비울 때는 확실히 충전하는 편안함이 건강하고 즐거운 삶을 만들어준다. 모든 것을 너무 심각하게 생각하면 하나도 제대로 성취하지 못하고 걱정과 염려 병에 걸려 기진맥진하게 된다. 오늘 선물 같은 찬란한 하루를 영화 <먹고 기도하고 사랑하라Eat Pray Love, 2010>처럼 즐겁게 먹고, 감사의 기도를 하고, 후회 없이 사랑하며 산다면 마음속에 피어나는 공포를 쫓아낼 수 있다.

해리포터 불사조 기사단Harry Potter and The Order of The Phoenix, 2007

프롤로그

최근 부동산 가격의 급등, 고급 자동차 추세 등 물질적 가치관이 크게 요동치고 있다. 실제로 자신에게 꼭 필요한 물건만 있으면 되는데, 남들과 비교될 수 있는 최고 아이템을 추구하곤 한다. 이는 심리적 경제적으로 커다란 부담감을 줄 뿐이다. 우리의 삶에 필요한 것 이상을 가지게 되면 결국 큰 부담과 불행으로 자신을 역습하는 무기가 될 수도 있다는 것을 자주 생각해 봐야 한다.

판타지 소설의 대명사 해리포터 시리즈 중 <해리포터 불사조 기사단Harry Potter and The Order of The Phoenix, 2007>에서 주인공 해리포터는 어둠의 세력인 볼드모트와 맞서 싸우기 위해 어린 학생들을 전사로 키우는 훈련을 진행하고자 한다. 하지만 막상 감시의 눈을 피해 교육을 진행할 수 있는 장소가 없는 것이 문제였으나 절실함이 만들어낸 필요의 방 마법의 공간이 열리게 된다.

● 영화 줄거리 요약

해리포터(다니엘 래드클리프 분)에게 예상치 못했던 편지 한 장이 도착한다. 그것은 해리가 학교 밖에서 자신의 사촌 두들리를 위해 디멘터들의 공격을 막는 마법을 사용했기 때

문에 호그와트 마법학교에서 퇴학당하게 되었다는 소식이었다. 그때 어둠의 마법사와 대결하는 오러들이 나타나 해리를 불사조 기사단의 비밀 장소로 데려가고 시리우스(게리 올드만 분)를 만난 해리는 과거, 부모님의 활약상을 알게 되어 힘을 얻게 된다. 마법부 장관 코넬리우스 퍼지가 해리의 퇴학을 결정하기 위해 해리를 법정에 세우지만, 덤블도어 교장(마이클 갬본 경)의 중재 덕분에 무죄 판결을 받는다. 해리의 퇴학이 무산되자 마법부 장관은 '어둠의 마법 방어술' 과목에 마법부 차관 돌로레스 엄브릿지를 교수로 임명한다. 하지만 엄브릿지의 마법 방어술 수업은 학생들이 어둠의 힘으로부터 자신을 지켜내기는커녕 오

히려 곤경에 빠지게 하는 마법이었다. 이에 헤르미온느와 론은 해리의 능력을 믿고 자칭 '덤블도어의 군대'라고 명명한 비밀단체를 조직한다. 해리는 비밀의 장소 필요의 방에서 어둠의 마법에 맞서 자신을 지켜낼 수 있는 방어술을 학생들에게 가르쳐주며 앞으로 닥칠 격전에 대비시킨다.

● 관전 포인트

A. 해리포터 시리즈의 구성은?

가난한 이혼녀였던 조앤 K 롤링은 집 근처 카페 '엘리펀트 하우스'에서 예전부터 생각해온 아이디어를 가지고 "해리포터와 마법사의 돌"을 쓰기 시작했고, 이는 세계에서 가장 많이 팔리는 소설이 되었다.

- ◇ 1편 〈해리포터와 마법사의 돌Harry Potter and the Sorcerer's Stone, 2001〉: 해리가 호그와트 마법학교에 입학하게 되는 여정을 담은 이야기
- ◇ 2편 〈해리포터와 비밀의 방Harry Potter and the Chamber of Secrets, 2002〉: 해리가 어둠의 세력과 맞서 싸울 결심을 하게 되는 이야기
- ◇ 3편 〈해리포터와 아즈카반의 죄수Harry Potter and the Prisoner of Azkaban, 2004〉: 시리우스 블랙의 비밀과 아즈카반 감옥의 디멘터 이야기
- ◇ 4편 〈해리포터와 불의 잔Harry Potter and the Goblet of Fire, 2005〉: 트리워저드 마법 경연대회와 볼드모트의 저주가 담긴 이야기
- ◇ 5편 〈해리포터와 불사조 기사단Harry Potter and the Order of the Phoenix, 2007〉: 불사조 기사단의 비밀과 어둠의 세력과의 격전

에 대비하는 이야기

◇ 6편 <해리포터와 혼혈 왕자Harry Potter and the Half-Blood Prince, 2009>: 어둠의 세력을 물리치기 위한 덤블도어 교수의 마지막 노력이 담긴 이야기

◇ 7편 <해리포터와 죽음의 성물Harry Potter and the Deathly Hallows 1(2010), 2(2011)>: 죽음을 먹는 자들과 영생을 위해 자신의 영혼을 7개의 호크룩스에 담은 볼드모트와의 마지막 결투 이야기

B. 마법부에서 해리에게 퇴학을 통보한 이유는?

여름방학 때 이모 집에서 지내던 해리는 사촌 두들리에게 달라붙어 행복을 빨아먹는 디멘터를 없애기 위해 '익스팩토 패트로눔'이라는 페트로누스 마법으로 두들리를 지킨다. 하지만 평소 덤블도어가 자신의 자리를 노리고 있다고 생각한 코넬리우스 퍼지 마법부 장관은 머글(마법 능력이 없는 일반 사람) 앞에서는 절대 마법을 쓰면 안 된다는 마법부의 규율에 따라 호그와트 마법학교의 퇴학을 통보한다. 하지만 청문회에서 덤블도어의 기지(목숨이 위협받는 상황에선 머글 앞에서 마법을 써도 불법이아니다)로 퇴학을 면하게 된다.

C. 필요의 방을 찾게 된 배경은?

네빌 롱바텀은 우연히 꼭 필요한 사람한테만 나타난다는 전설 속필요의 방을 찾아내게 된다. 그곳은 필요한 물건들이 전부 갖춰져 있어 방어술을 연습하기에는 가장 적합한 장소였다.

D. 덤블도어 교장이 해리를 자꾸 멀리하는 이유는?

해리는 어릴 적 사고로 볼드모트의 영혼과 연결되어 있어, 해리의 생각도 볼드모트가 읽을 수 있기에 덤블도어는 자기 생각을 읽히지 않

기 위해 의도적으로 해리와 거리를 두었다. 스네이프 교수는 오클라먼시를 통해 특별훈련을 시키게 된다. 하지만 필요의 방이 엄브릿지와 퍼지 장관에 발각되어 덤블도어는 도망을 가게 된다. 이후 예언을 담은 구슬을 두고 어둠의 세력과 전쟁에서 해리의 대부 시리우스가 벨라트릭스의 저주 마법에 죽자 해리는 친구 케드릭의 죽음 이후 다시 한번 큰 실의에 빠지게 된다.

E. 볼드모트와 코로나19의 유사점은?

볼드모트나 코로나19는 모두 사람의 행복을 갉아먹는 치명적인 악마들이다. 영화에서 어둠의 마왕인 볼드모트의 존재가 두려워 볼드모트의 이름을 불러서는 안될 사람으로까지 금기시한다. 하지만 결국 볼드모트는 나타나고 많은 사람이 죽게 되자 마법부 장관과 사람들은 그제야 덤블도어의 경고를 믿게 된다. 강대국 정치인들은 자신들이 나약한 존재로 보일까 봐 마스크도 끼지 않은 채 코로나19를 무시했다가 큰 위기에 직면하고 있다. 이제 모든 인류는 힘을 합쳐 볼드모트와 같은 코로나19에 용기 있게 대항해 나가야 한다.

에필로그
—

최근 많은 사람이 힘들어하는 부동산 문제 해결을 위해 새로운 아

294

파트를 대량으로 짓는 것은 시간과 자원이 드는 어려운 과제다. 이에 기존의 시니어들이 가지고 있는 큰 아파트를 간단히 분리하는 리모델링을 통해 부모와 자녀 세대가 같이 살면 상속세 혜택을 주는 방식이나, 주거 공간이 절실한 젊은 세대에게 세를 놓아 노년층도 빈곤을 해소하는 윈윈 방식을 고려해 볼 수 있다. 즉, 필요의 공간을 공유하는 것이다. 공유의 시대가 다가왔는데도 계속 소유에 집중하면 여행이나 결혼 같은 행복한 순간을 놓칠 수 있기에 보다 적극적이고 다양한 자산 공유 전략을 생각해 봐야 할 때다.

49
큰 힘엔
큰 책임이 따른다!

스파이더 맨Spider-Man, 2002

프롤로그

—

현명한 리더는 그 자리에 걸맞은
책임이 따른다는 것을 알고 있다. 하지
만 현실 속 권력자들은 달콤한 힘만
향유할 뿐 그에 따른 책임은 궤변으로
회피할 때가 많다. 영화 <스파이더맨
Spider-Man, 2002>은 정의와 선이 변
질되어 가는 사회에 큰 경종을 울린다.
스파이더맨은 자신의 실수로 그의 삼
촌이 죽기 전 했던 "큰 힘엔 큰 책임이
따르는 법이다With great power comes
great responsibility"라는 말을 가슴에 새기고 정의를 실천해 나간다.

● 영화 줄거리 요약

평범하고 내성적인 고
등학생 피터(토비 맥과이어
분)는 우연히 콜롬비아 대
학 연구소에서 특강을 듣
던 중, 합성 전이 RNA를
이용한 열다섯 마리의 슈
퍼거미 중 한 마리에게 손

등을 물린다. 피터는 집으로 돌아온 후 시력이 좋아지고 근육질 몸매
가 되며, 숟가락이 손에 붙고 거미줄이 발사되는 특이한 경험을 하
게 된다. 한편 짝사랑하던 메리 제인(커스틴 던스트 분)의 관심을 끌기
위한 계획으로 '아마추어 레슬러' 대회에서 3분간 버티면 3천 달러를
얻을 수 있다는 광고를 보고, 거미 인간 옷을 만들어 입고 '스파이더
맨' 이름으로 대회에 참가하여 우승하지만, 사장은 약속과 달리 100달
러만 주고 쫓아낸다. 피터는 사장에게 "자신은 돈이 필요하다"라고 호
소하지만, "그게 나랑 무슨 상관이지?"라는 냉정한 대답만 돌아온다.
그때 강도가 들어 사장 돈을 강탈해 갈 때 피터는 괘씸한 사장을 도와
주지 않는다. 하지만 그 강도가 차에서 자신을 기다리던 벤 삼촌을 쏘

고 달아나자 피터는 추격했고 강도는 실수로 빌딩에서 떨어져 죽게 된다. 이 사고로 피터는 자신의 실수로 빚어진 삼촌의 죽음을 잊지 않고 정의의 스파이더맨이 되어 사회악을 징벌하게 된다.

● **관전 포인트**

A. 스파이더맨 시리즈의 구성은?

17년간 총 7편의 실사 영화와 1편의 애니메이션 극장판이 제작되었다.

◇ 스파이더맨의 탄생을 그린 <스파이더맨Spider-Man, 2002>
◇ 친구 해리가 자신의 아버지 복수를 갚으려고 닥터 옥토퍼스와 손을 잡고 스파이더맨을 공격하는 <스파이더맨 2Spider-Man 2, 2004>
◇ 외계에서 온 유기체인 심비오트(베놈)에 감염되어 블랙 스파이더맨으로 변신 후 위기를 겪다가 정신을 차리고 샌드맨과 손잡은 베놈을 물리치는 <스파이더맨 3Spider-Man 3, 2007>
◇ 2대 스파이더맨인 앤드류 가필드와 여자친구 역에 엠마 스톤이 출현한 리부트 시리즈 2편, 피터 부모의 비밀과 악당 리자드와 오스본과의 대결을 다룬 <어메이징 스파이더맨The Amazing Spider-Man 1(2012), 2(2014)>
◇ 아이언맨을 멘토로 둔 3대 스파이더맨인 톰 홀랜드가 어벤져스 시리즈에 처음으로 카메오로 등장한 <캡틴 아메리카: 시빌 워 Captain America: Civil War, 2016>
◇ 존 왓츠 감독/톰 홀랜드가 강력한 적 벌처와의 대결을 그린 <스파이더맨: 홈커밍Spider-Man: Homecoming, 2017>

◇ 아이언맨이 사망 후, 홀로 정체불명의 미스터리오와의 증강현실 속 결투를 그린 <스파이더맨: 파프롬 홈Spider-Man: Far from Home, 2019>

B. 신문사 편집장이 피터에게 기대한 것은?

스파이더맨의 활약이 커지자, J & J 신문사 편집장 조나 제임슨(J.K. 시몬스 분)은 피터에게 특종 사진을 가져오면 돈을 주겠다고 한다. 피터는 자신이 스파이더 맨임을 감추고 다양한 사진을 가져다주며 생활비를 벌게 된다. 이 모습은 영화 <슈퍼맨Superman>에서 클락이 자신의 신분을 감추고 사건정보를 쉽게 얻을 수 있는 신문사의 기자로 일하는 것과 비슷한 맥락이다.

C. 스파이더맨을 공격한 푸른 도깨비 고블린은 누구인가?

피터의 친구인 해리의 아버지 노먼 오스본(윌렘 대포 분)은 군사 무기를 개발하는 오스코프 연구소에서 군인들의 신체 잠재능력 향상을 위한 슈퍼솔저 프로젝트를 진행하고 있었다. 인체실험에서 성공해야만 군대의 지원을 받을 수 있는 조건 때문에 노먼은 스스로 약을 먹었다가 악령인 그린 고블린이 자아에 침입하여 슈퍼 악당으로 변하고 만다.

D. 고블린이 죽게 되는 이유는?

스파이더맨에게 동맹을 제의하지만 거절당하자 고블린은 스파이더맨의 여자 친구 메리 제인을 납치한다. 메리 제인을 구하러 간 피터에게 고블린은 글라이드

를 발사하고, 스파이더맨이 이를 피하자 역으로 자신이 발사한 글라이드에 죽게 된다. 하지만 고블린의 아들이자 친구 해리는 스파이더맨이 자신의 아버지를 죽게 했다면서 언젠가 스파이더맨에게 복수를 다짐하게 된다.

에필로그

———

할리우드의 톱스타 조지 클루니가 자신이 어려울 때 진정으로 도와준 친구 14명에게 현금 100만 달러씩 선물한 뉴스를 보았다. 아무리 돈이 많아도 그렇게 은혜를 갚기란 쉽지 않다. 노숙인들에게 온 힘을 다해 무료급식소 '안나의 집'을 운영하는 이탈리아에서 온 김하종 신부(본명: 빈첸시오 보르도)의 봉사 또한 큰 감동을 준다. 하지만 현실에서 성공한 많은 사람은 자신이 그 위치에 가기까지 진심으로 도와준 친구를 쉽게 잊어버리고 외면하기도 한다. 2021년에는 평소 주변에 관심과 애정을 가지고 나눔의 철학을 실천하면서 진정한 행복을 맞이하길 바란다.

50

슈퍼맨은 어디에?

슈퍼맨Superman, 1978

프롤로그
—

지난 미국 정부는 전
쟁, 환경, 경제 부문에서
자국 이기주의 노선으로
전환하여, 세계 경찰국가
로서의 역할을 스스로 포
기한 것 같아 보인다. 하
지만 새로운 정부가 들어

서면서 다시 세계평화를 수호할 임무를 수행할지에 대한 관심이 커지
고 있다. 영화 <슈퍼맨Superman, 1978>에서 슈퍼맨은 위기마다 세상
을 구하고 정의를 실현해 나가면서 선과 희망의 절대적인 상징이자 수
호자로 각인되었다. 과연 지금은 어떤 슈퍼히어로가 전쟁과 전염병으
로 얼룩진 지구를 다시 되살릴 수 있을까?

[슈퍼맨: 1938년 DC코믹스의 "액션 코믹스" 만화잡지에 스토리 작

가인 제리 시걸, 아티스트 조 슈스터가 만든 슈퍼맨이 등장. 미국의 암울한 경제 대공황 시기 위안과 대리 만족감을 주는 히어로로 주목받았고, 제2차 세계대전이 터지면서 배트맨(1939), 캡틴 아메리카(1941) 같은 슈퍼 히어로가 등장하여 애국주의를 자극하게 된다.]

● 영화 줄거리 요약

크립톤 행성의 과학자 조엘(말론 브랜도 분)은 행성이 곧 폭발할 것이라는 사실을 알고, 수많은 은하계의 지식을 담은 푸른 수정과 함께 아들인 카렐을 지구로 보낸다. 카렐이 타고 온 작은 우주선은 조나단 부부 앞에 떨어지고, 아이가 없던 그들은 카렐을 데려와 클락이라 부르며 키운다. 어느덧 청년으로 성장한 클락 켄트(크리스토퍼 리브 분)는 알지 못하는 힘에 이끌려 북쪽으로 가게 되고, 그곳에서 아버지 조엘의 영상으로부터 자신의 정체를 알게 되고, 다시 지구로 돌아오게 된다. 클락은 보통 땐 어리버리한 데일리 플래닛지에 기자로 살아가며, 위험한 순간마다 슈퍼맨으로 변신해 사람들을 구해 낸다. 슈퍼맨의 활약이 커지면서 신문사마다 앞다투어 그의 기사를 실을 만큼 슈퍼맨은 유명인사가 되었다. 그와 동시에 클락은 같은 신문사의 여기자 로이스 레인(마곳 키더 분)을 짝사랑하게 된다. 한

302

편 미친 천재 과학자이자 희대의 범죄자인 렉스 루더(진 핵크만 분)는 슈퍼맨의 치명적 약점을 알고 공격해 오기 시작한다.

● 관전 포인트

A. 슈퍼 히어로에 대한 사람들의 기대감은?

현실사회에서의 위험과 정의롭지 못한 사건이 일어날 때마다 사람들은 초강력 슈퍼히어로가 구원자처럼 나타나 치명적인 문제를 해결해 주길 염원한다. 그래서 슈퍼맨 같은 캐릭터가 탄생하였고 그 이후에는 어벤저스 같이 많은 영웅들이 등장하게 된 것이다. 세계인의 축제 올림픽처럼 인류가 서로 사랑하고 화합하는 정신이 유지된다면 슈퍼히어로가 필요 없는 아름다운 지구가 될 것이다. 슈퍼맨은 악당의 공격에 자신이 사랑하는 로이스가 죽자 혼신의 힘을 다해 지구의 시간을 거꾸로 돌려 로이스를 살려내려 노력한다. 그의 이러한 모습에서 인간의 따뜻한 품성도 느낄 수 있다. 하지만 국가주의에서 개인주의로 변해 가면서 이제 외계인 초능력자인 슈퍼맨의 캐릭터보다는 인간적인 약점을 가진 휴먼 히어로 배트맨이 현대인들에게 더욱 사랑받는 캐릭터로 자리매김하고 있다.

B. 크리스토퍼 리브는 어떤 배우인가?

미국인들이 실제로 그를 슈퍼맨으로 여길 정도로 193cm, 98kg의 준수한 외모 그리고 명문 코넬대학을 졸업하고 훌륭한 품성을 가지고 있었다. 하지만 크리스토퍼 리브는 1995년 승마 경기 도중 말에서 떨어져 중상을 입고 전신 마비로 고통받다가 재활을 통해 진정한 슈퍼맨 The real Superman처럼 다시 살아나게 되지만, 2004년 심장마비로 52세의 나이에 안타깝게 사망하게 된다.

C. 슈퍼맨 영화의 시리즈는?

◇ 크리스토퍼 리브가 주연한 시리즈는 모두 4편으로 슈퍼맨의 탄생과 사랑을 그린 <슈퍼맨Superman, 1978>, 클립톤 행성의 반역자 조드 장군 일당과 렉스의 연합 공격에 맞서 싸우는 <슈퍼맨 2Superman Ⅱ, 1980>, 로스 일당이 발사한 크립토 나이트 화학물질로 슈퍼맨이 이중인격으로 변하게 되면서 벌어지는 이야기를 그린 <슈퍼맨 3Superman Ⅲ, 1983>, 악당 루터가 만든 핵맨을 상대하는 슈퍼맨을 그린 <슈퍼맨 4 최강의 적Superman Ⅳ: The Quest for Peace, 1987>

◇ 브랜든 라우스가 슈퍼맨으로 출연하는 <슈퍼맨 리턴즈Superman Returns, 2006>

◇ 헨리 카빌 주연의 <맨 오브 스틸Man of Steel, 2013>, <배트맨 대 슈퍼맨: 저스티스의 시작Batman v Superman: Dawn of Justice, 2016>, <저스티스 리그Justice League, 2017>

D. 영화 <배트맨 대 슈퍼맨: 저스티스의 시작>에서 두 영웅이 대결하는 이유는?

배트맨(벤 애플렉 분)은 슈퍼맨(헨리 카빌 분)이 언젠가는 통제 불가능한 힘으로 타락하여 가장 위험한 존재로 전락할 것을 염려한다. 결국 두 영웅은 필사의 전쟁을 벌이게 되지만 결국 진정성을 공감하고 화해한다. 이후 악의 괴물 둠스데이를 응징하는 과정에서 슈퍼맨은 장렬히 죽고 만다.

E. 영화 <저스티스 리그>에서 배트맨이 다시 슈퍼맨을 갈구하게 되는 계기는?

인류의 수호자인 슈퍼맨이 사라진 틈을 노리고 악마 군단 스테픈 울프 장군이 지구를 공격한다. 배트맨은 원더우먼, 아쿠아맨, 빅터 스톤, 플래시맨 등과 에너지원인 마더 박스를 지키려고 노력하지만 역부족이다. 이때 슈퍼맨이 부활하면서 지구를 구하게 된다. 그동안 슈퍼맨을 오해한 배트맨은 슈퍼맨과 화해하게 된다.

에필로그

조드 장군이 우주감옥 '팬텀존'에서 탈출하여 지구를 공격하게 되고, 이에 지구가 절체절명의 위기에 빠진 순간, 로이스와의 사랑을 위해 초능력을 포기한 슈퍼맨은 사라지고 만다. 이때 미국의 대통령은 간절하게 슈퍼맨을 부른다. 이 장면에서 악과 대항할 정의의 힘이 절실하다는 것을 느끼게 된다. 세상은 현재 각지에서 일어나는 전쟁, 바이러스의 대유행, 빈곤, 지구온난화로 인한 환경파괴로 회복할 수 없는 위기 상황이다. 슈퍼맨의 아버지 조엘이 "지구인에게 바른 인도자만 있다면 그들은 얼마든지 훌륭해질 수 있다"라며 천 년이나 뒤진 원시적인 지구에 이상과 희망을 심기 위해 슈퍼맨을 보낸 것처럼, 우리 자신의 안전과 생명을 구하고 행복한 삶을 영위하기 위해 각자의 마음

속 슈퍼맨을 불러내어 위기에 대항하고 인간다운 삶을 되찾아 나가야
할 때이다.

저자약력

서태호
삼성증권 인사팀장/도곡지점장
삼성정밀화학 인사지원실장/전무
롯데정밀화학 케미칼사업부장/전무
미국 PPG Korea 부사장
현)대구대학교 교수
현)한경닷컴 칼럼니스트
이메일: boss5533@naver.com

저서
프라이빗뱅커의 고객창조 마케팅(2007)
서태호의 영화로 보는 삶(2020)

서태호의 영화로 보는 삶 2
혹한의 시대가 온다

초판발행   2021년 5월 21일

지은이   서태호
펴낸이   안종만·안상준

편 집   황정원
기획/마케팅 장규식
표지디자인   박현정
제 작   고철민·조영환

펴낸곳   (주) **박영사**
           서울특별시 금천구 가산디지털2로 53, 210호(가산동, 한라시그마밸리)
           등록 1959. 3. 11. 제300-1959-1호(倫)
전 화   02)733-6771
f a x   02)736-4818
e-mail   pys@pybook.co.kr
homepage   www.pybook.co.kr
ISBN   979-11-303-1271-2   03300

정 가   16,000원